Anselm Grün OSB
Alois Seuferling OSB

W0064753

Benediktinische
Schöpfungs-
spiritualität

VIER-TÜRME-VERLAG MÜNSTERSCHWARZACH
1996

Die Deutsche Bibliothek – CIP-Einheitsaufnahme

Grün, Anselm :
Benediktinische Schöpfungsspiritualität / Anselm
Grün ; Alois Seuferling. – 1. Aufl. –
Münsterschwarzach : Vier-Türme-Verl., 1996
   (Münsterschwarzacher Kleinschriften ; Bd. 100)
   ISBN 3-87868-600-5
NE: Seuferling, Alois:; GT

1. Auflage 1996
Gesamtherstellung: Vier-Türme GmbH, D-97359 Münsterschwarzach Abtei
© by Vier-Türme-Verlag, Münsterschwarzach Abtei
ISSN 0171-6360
ISBN 3-87868-600-5

INHALT

Einleitung

Als ich vor den Priestern der Diözese Limburg einen Vortrag über christliche Lebenskultur und die Kunst des gesunden Lebens hielt, meinte in der Diskussion Bischof Kamphaus, ich ginge von der benediktinischen Schöpfungsspiritualität aus. Die sei sicher gut, aber sie müsse ergänzt werden durch eine Spiritualität des Kreuzes, die das Leiden und Scheitern ernst nehme. Da ich in meiner theologischen Arbeit das Kreuz und die Erlösung in den Mittelpunkt gestellt hatte, ist mir gar nicht aufgefallen, wie recht der Bischof darin hatte, die benediktinische Spiritualität als eine typische Schöpfungsspiritualität zu bezeichnen. Seit den Büchern von Matthew Fox ist es heute ja üblich, zwischen einer Erlösungsspiritualität und einer Schöpfungsspiritualität zu unterscheiden. Während die Erlösungsspiritualität vor allem um das Thema Schuld und Sünde und die Erlösung daraus kreist, konzentriert sich die Schöpfungsspiritualität auf die Ehrfurcht vor der guten Schöpfung und auf die Begegnung mit Gott in seiner Schöpfung. Sie stellt den Schöpfer in den Mittelpunkt und nicht den Erlöser. Und Gott, der Schöpfer, kann in seiner Schöpfung erkannt und erfahren werden, wie schon Paulus im Römerbrief schreibt: „Seit Erschaffung der Welt wird seine unsichtbare Wirklichkeit an den Werken der Schöpfung mit der Vernunft wahrgenommen." (Röm 1,20) Natürlich geht es auch hier nicht darum, beide Wege der Spiritualität und Theologie als totalen Gegensatz gegenüber zu stellen. Vielmehr geht es auch hier um eine gesunde Spannung. Jede Theologie, die alles aus einem einzigen Prinzip her zu erklären versucht, führt letztlich zur Häresie. Auch die Schöpfungsspiritualität kennt daher das Kreuz. Sie weiß, daß der Weg der

Verwandlung schmerzvoll ist, daß er durch die Abgründe menschlichen Leids führt und daß das Kreuz Christi das Symbol schlechthin für das Aufgebrochenwerden unserer menschlichen Existenz und der ganzen Schöpfung für Gott ist. Aber gerade in einer Zeit, in der die Ökologie vor allem außerhalb der Kirche neu entdeckt wurde, ist es wichtig, in der eigenen Tradition nach den Quellen einer Schöpfungsspiritualität zu suchen, einer Spiritualität, für die der achtsame Umgang mit der Schöpfung Kriterium geistlichen Handelns ist.

Anlaß für diese Kleinschrift gab P. Alois Seuferling, der seit fast 40 Jahren in Korea arbeitet. Er schickte mir ein Manuskript über das Geheimnis der Schöpfung. Das Manuskript ist in diese Kleinschrift mit eingeflossen, so daß wir sie gemeinsam herausgeben. Auch das ist ein schönes Bild für die Schöpfungsspiritualität, die ja die Gegensätze miteinander ausgleicht, auch den Gegensatz von Ost und West. Gerade von der östlichen Spiritualität können wir Christen die eigene Tradition der Schöpfungstheologie neu entdecken und wertschätzen. Denn zu lange haben wir im Westen eine einseitige Erlösungstheologie verkündet und dabei das Geheimnis der Schöpfung vergessen, in der uns Gott zuerst begegnet. In der buddhistischen und hinduistischen Tradition steht die Schöpfung viel eher im Mittelpunkt. Die Schöpfung ist das erste Wort Gottes an die Menschen. In ihr offenbart Gott uns seine Schönheit und Liebe. In ihr können wir Gott begegnen. Die Schöpfung ist von Gottes Geist durchdrungen. Die Beziehung zu Gott drückt sich auch in unserer Beziehung zur Schöpfung aus. Wir dürfen Schöpfer und Schöpfung nicht auseinander reißen, wie wir das häufig in unserer

Spiritualität getan haben. Da war einzig und allein unsere Beziehung zu Gott wichtig. Aber wir haben nicht darüber reflektiert, daß sich unsere Gottesbeziehung ganz konkret darin zeigt, wie wir mit der Schöpfung umgehen. Aus lauter Angst vor dem Pantheismus, der Gott mit der Welt identifiziert, sind wir der Gefahr des Deismus erlegen, der Welt und Gott auseinander reißt und die Welt gottlos macht, sie säkularisiert. Es gibt noch einen dritten Weg, den Panentheismus, der Gott in allem sieht und erfährt.

In dieser Kleinschrift möchten wir in der Regel Benedikts nach den Spuren einer Schöpfungs-spiritualität fragen. In der Regel des hl. Benedikt kommen die typischen Begriffe für die Erlösungs-spiritualität wie redemptio (Erlösung) und salus (Heil) nicht vor. Und wenn Benedikt von der Sünde (peccatum) spricht, dann meint er, daß die Mönche falsches Verhalten meiden sollten, da sie die Schöpfungsordnung und die Gemeinschaft damit stören. Aber Benedikt spricht nicht von der Erlösung von unserer Schuld. Nur zweimal ge-braucht er das Wort „vergeben" (dimittere). Und da zitiert er das Vaterunser. Von der Vergebungs-bitte im Vaterunser erwartet er, daß der Friede in der Gemeinschaft wieder hergestellt wird. Aber er sieht den Menschen nicht als Sünder, der erst durch Christus erlöst werden muß. Vielmehr er-mahnt er die Mönche, in jedem Bruder und jeder Schwester Christus zu sehen und so jedem Men-schen in Ehrfurcht zu begegnen. In der Sünde, in den täglichen Streitigkeiten, werden wir blind für das Geheimnis des andern. Die Vergebung reinigt immer wieder die durch unsere unklaren Emotio-nen getrübte Atmosphäre einer Gemeinschaft und schafft so immer von neuem Kirche als Ort der heilenden und liebenden Gegenwart Gottes. Die

Regel Benedikts atmet überall eine optimistische Grundhaltung, die ja charakteristisch für die Schöpfungsspiritualität ist. Da weder P. Alois noch ich Regelspezialisten sind, können wir nur einige Aspekte der Schöpfungsspiritualität beschreiben, wie wir sie in der Regel des hl. Benedikt entdecken.

1. Schöpfungsspiritualität nach Matthew Fox

Matthew Fox, amerikanischer Dominikaner, beschreibt in seinen Büchern immer wieder die Schöpfungsspiritualität im Gegensatz zur Erlösungsspiritualität. Die Schöpfungsspiritualität geht von der Schöpfung und vom Kosmos aus, während die Erlösungsspiritualität mit der Geschichte beginnt. Die Schöpfungsspiritualität sieht den Menschen nicht unabhängig vom Kosmos, sondern eingebettet in die Welt der Sterne, der Tiere und Pflanzen. Die Schöpfungsspiritualität ist nicht nur die älteste religiöse Tradition, die bei allen Naturvölkern zu finden ist. Sie ist auch die Grundlage unserer christlichen Spiritualität. Das zeigt uns die Bibel, die mit der Schöpfungsgeschichte beginnt. Jesus selbst zeigt sich mit dieser Spiritualität vertraut, wenn er in seinen Gleichnissen immer wieder auf die Geheimnisse der Schöpfung zu sprechen kommt, wenn er sehr genau das Wachsen und Gedeihen der Früchte beobachtet und darin ein Bild sieht für das Wachsen des Gottesreiches. Johannes beginnt sein Evangelium mit dem Rückblick auf die Schöpfung. Die Geburtsgeschichten bei Matthäus und Lukas sind Schöpfungsgeschichten. In den Paulusbriefen ist immer wieder vom kosmischen Christus die Rede, der das All zusammen hält. Der Kolosserbrief nennt Christus den Erstgeborenen der ganzen Schöpfung: „Denn in ihm wurde alles erschaffen im Himmel und auf Erden, das Sichtbare und das Unsichtbare, Throne und Herrschaften, Mächte und Gewalten; alles ist durch ihn und auf ihn hin geschaffen. Er ist vor aller Schöpfung, in ihm hat alles Bestand." (Kol 1,16f) Der Hymnus ist beeinflußt von der griechischen Philosophie, vor allem von Plato, der den Kosmos das sichtbare Abbild

Gottes genannt hat, und von der Stoa, die die Natur als von göttlichen Kräften durchwaltet sah. So nimmt es nicht Wunder, daß vor allem die griechischen Kirchenväter in ihrer Theologie und Spiritualität dem Geheimnis der Schöpfung nachspüren. Der hl. Benedikt ist in seiner Regel dieser griechischen Schöpfungsspiritualität verpflichtet, wie seine Hochschätzung für Basilius zeigt.

Im Mittelpunkt der Schöpfungsspiritualität stehen für Matthew Fox Ehrfurcht und Achtsamkeit, Freude und Kreativität, Gerechtigkeit und Mitgefühl. Gegenüber dem dreifachen Pfad der Erlösungsspiritualität, der über die Läuterung und Erleuchtung zur Vereinigung führt, nennt Matthew Fox vier Pfade einer Schöpfungsspiritualität:

1. Die Via Positiva meint vor allem Ehrfurcht und Staunen vor den Geheimnissen der Natur und aller Wesen.

2. Die Via Negativa verweist uns auf die Dunkelheit und das Nichts, auf Schmerz und Leid, die wesentlich zu unserem geistlichen Weg gehören.

3. Die Via Creativa bezieht sich auf unsere Schöpferkraft, in der wir Mitschaffende mit Gott sind. Es geht um Kreativität und das Denken in Bildern.

4. Die Via Transformativa bezieht sich auf die Erlösung vom Leiden, auf den Kampf gegen das Unrecht, auf das Feiern und das Lob des Schöpfers, das möglich wird, wenn die Menschen in Gerechtigkeit miteinander zu leben versuchen. (Vgl. Fox, Schöpfungsspiritualität 32f)

Wenn wir die benediktinische Schöpfungsspiritualität beschreiben, so immer auf dem Hintergrund dieser vier Pfade. Aber wir wollen uns dabei vor allem von der Regel selbst leiten lassen, von der Weisheit, mit der Benedikt das Leben der Mönche in der Schule des Herrn beschribt.

2. Lob des Schöpfers

Im 16. Kapitel spricht Benedikt von der geheiligten Siebenzahl der Gebetszeiten, von denen Psalm 119,164 sagt: „Siebenmal am Tag singe ich dein Lob." Und daraus gibt er eine Begründung für das siebenmalige tägliche Gotteslob an: „Zu diesen Zeiten bringen wir unserem Schöpfer Lob dar (referamus laudes Creatori nostro), wegen seiner gerechten Entscheide, das heißt zu den Laudes, zu Prim, Terz, Sext, Non, Vesper und Komplet, und bei Nacht stehen wir auf, um ihn zu preisen" (RB 16,5; vgl. Ps 119,62). Im siebenmaligen Stundengebet geht es also in erster Linie um das Lob des Schöpfers. Der Mönch weiß sich in Gottes Hand geborgen. Alles, was er hat, hat er von Gott, seinem Schöpfer, empfangen. Georg Holzherr interpretiert diese Stelle der Regel so: „Wir danken für die Welt um uns und leihen im Gotteslob der stummen Kreatur eine Stimme, damit sie Gottes Ehre verkünden kann. So steht der betende Mensch beim Gotteslob nicht nur in einer lebendigen Gemeinschaft mit seinen Brüdern, mit denen er sich versammelt hat, sondern darüber hinaus mit der ganzen Schöpfung. Daß sich die Zeiten des Gebets nach dem Rhythmus des natürlichen Lichts richten, ist ein deutliches Zeichen dieser kosmischen Verbundenheit der Beter." (Holzherr 152)
Die heilige Siebenzahl der Gebetszeiten weist auf die Verwandlung der Schöpfung hin. Vier ist die kosmische Zahl, die Zahl der vier Elemente. Drei ist die göttliche Zahl, die Zahl des dreifaltigen Gottes. Sieben meint die Verbindung zwischen Gott und Schöpfung, zwischen Himmel und Erde. Es gibt daher 7 Sakramente, in denen die Schöpfung immer mehr vom Geist Gottes durchdrungen und verwandelt wird, in denen die Schöpfung

selbst zum Zeichen von Gottes heilender Liebe zu uns Menschen wird. Im Gotteslob läßt sich der Mönch ein auf den Rhythmus der Schöpfung, um mit seinem Gebet die ganze Schöpfung zu heiligen, sich an die Spitze der Schöpfung zu stellen und ihr sein Wort zu leihen, um in ihrem Namen den Schöpfer zu preisen. Durch das siebenmalige Lob des Schöpfers wird die Schöpfung selbst verwandelt, sie wird zum Sakrament, das uns Gott vermittelt. Im sichtbaren Kosmos leuchtet der unsichtbare Gott auf.

Wir haben heute kaum noch ein Gespür für das Loben. Wir meinen, wir müßten Gott immer nur bitten, daß er die vielfältige Not der Menschen wende. Die Bibel sieht die eigentliche Aufgabe des Menschen darin, Gott zu loben. So schreibt Gerhard von Rad: „Loben ist die dem Menschen eigentümlichste Form des Existierens. Loben und nicht mehr Loben stehen einander gegenüber wie Leben und Tod." (Rad 381). Nur dort, wo Tod ist, gibt es kein Lob mehr. Wo Leben ist, wird auch gelobt. Der Mensch muß immer etwas erhöhen, bewundern, verehren, zu etwas aufsehen. Ohne Loben und Erhöhen gibt es kein lebendiges Dasein. Ohne Loben verkümmert der Mensch, wird er starr, griesgrämig und unzufrieden. Sinclair Lewis hat diese Erkenntnis einmal so ausgedrückt: „Loben ist nichts als hörbar gewordene innere Gesundheit". Der Snob, so meint er, habe immer und überall etwas auszusetzen. Wer die Dinge lobt, wer sich an ihnen freuen und seiner Freude Ausdruck verleihen kann, der kann sie auch genießen, der ist gesund.

Claus Westermann hat in seinem Buch „Das Loben Gottes in den Psalmen" auf den Unterschied zwischen Loben und Danken hingewiesen. Im Danken, so meint er, sehen wir die Dinge von uns aus. Im Loben dagegen sind wir ganz auf den

14

Gelobten eingestellt. Das zeigt sich schon in der Sprache. Wenn ich danke, dann sage ich: „Ich danke Dir." Ich bin also das Subjekt und ich stehe im Mittelpunkt. Beim Loben ist immer der Gelobte das Subjekt und steht im Mittelpunkt. Loben geschieht, indem ich Gott preise: „Du bist groß und herrlich. Wunderbar sind Deine Werke. Du hast mich dem Tode entrissen." Loben setzt also voraus, daß ich mich selbst nicht so wichtig nehme, daß ich nicht ständig um mich und meine Lebensprobleme kreise, sondern mich von einem Größeren ergreifen lasse. Loben meint den Primat Gottes. Gott ist die eigentliche Wirklichkeit. Auf sie schaue ich und ihn erkenne ich in seiner Schöpfung. Indem ich seine Schöpfung preise, verherrliche ich den Schöpfer.

Dem Geschöpf kommt es zu, seinen Schöpfer zu preisen. Wenn das Geschöpf das Lob verweigert, beraubt es sich seiner eigenen Grundlage. Es entzieht sich den Boden, auf dem es steht. Denn Geschöpfsein bedeutet, sein Sein nicht aus sich heraus zu haben, sondern als von einem andern geschenktes. Christlicher Schöpfungsglaube betont, daß die Schöpfung kein vergangenes Ereignis ist, sondern daß Gott der ewig Schaffende ist, der uns dauernd am Sein erhält. Geschöpfsein bedeutet, von Gott im Sein gehalten werden. Für den, der das verstanden hat, ist das Lob des Schöpfers eine Selbstverständlichkeit. Das Lob ist Ausdruck seines Existierens als Geschöpf, Bekenntnis, daß sein Sein in jedem Augenblick geschenktes Sein ist.

Dem autonomen Menschen der Neuzeit ist das Gespür dafür abhanden gekommen. Er erfährt sich als homo faber, als Macher. Er fühlt sich selbst als Schöpfer und blickt voll Stolz auf seine eigenen Werke. Schaffen, etwas leisten, sich in seinem Werk selbst verwirklichen, das erscheint ihm wichtiger als das nutzlose und überflüssige Loben des Schöpfers. Im benediktinischen Gotteslob tritt uns da eine andere menschliche Grundhaltung entgehen. Es ist die empfangende und ehrfürchtige Haltung eines Menschen, der sich selbst und sein Leben als Geschenk, als Gnade erlebt. Die Erfahrung der Gnade ist jedoch nicht Luthers Erfahrung des gnädigen Gottes, die Erfahrung der Gnade als Aufhebung der Schuld, die die Schöpfung verdorben hat, sondern die Erfahrung der Gnade als Geschenk, das noch vor der Schuld steht, die Erfahrung der Schöpfung selbst als Geschenk göttlicher Gnade. Der Mönch weiß, daß Erschaffensein schon ein von Gott Angesprochenwerden ist, dem er zu antworten hat. Die Erfahrung der Schöpfung als Geschenk ist jedoch nicht bloß in einem rein existentiellen und individuellen Sinn zu sehen. Der Mönch erfährt nicht nur sich selbst, sondern die ganze Welt als Schöpfung, als Gabe an ihn. Diese Erfahrung der Welt als einer in sich schönen und wohlgeordneten findet in vielen Psalmen ihren Ausdruck. Psalm 104 z.B. beschreibt mit sichtlichem Wohlgefallen, wie Gott alles geordnet hat, wie er die Quellen sprudeln läßt, um den Wildeseln ihren Durst zu stillen, wie er Gras für das Vieh sprießen läßt und Pflanzen, die der Mensch für sich anbaut, um Brot und Wein daraus zu gewinnen, der das Herz des Menschen erfreut. Aus den Schöpfungspsalmen spricht nicht nur eine meditative, sondern zugleich eine optimistische Weltbetrachtung. Es ist die gute Schöpfung des guten Schöpfers, der es gut mit uns meint und uns aus dem Reichtum seiner Gaben Tag für Tag reichlich schenkt. In diesem Lob sehen wir die Dinge noch in unmittelbarem Zusammenhang mit ihrem Schöpfer. Sie sind noch offen für den, von dem sie ihr Dasein haben.

16

Loben kann nur, wer sich selbst vergißt, wer seinen Blick von sich selber wegrichtet. Im Lob, so sagt Gerardus van der Leeuw, „ist die Selbstvergessenheit, die sich über das Leben erhebt in der Mächtigkeit des Gelobten. Loben ist sich von sich selbst ab-und sich Gott zuwenden." (Löhr 30) Wer Gott in den Dingen der Schöpfung lobt, der will die Dinge nicht zuerst für sich gebrauchen, sondern er kann sie in ihrer Schönheit lassen. Loben kann nur, wer lassen kann, oder wie Ämiliana Löhr sagt: „Niemand singt den Hymnus, wenn er nicht zuvor starb." (Löhr 32) Erst in diesem Lassen wächst die Freude über die Schönheit der Schöpfung. Die Schöpfung wird nicht verzweckt, nicht ausgebeutet für die Belange des Menschen, sondern sie wird voll Freude betrachtet und meditiert, sie wird in ihrer Schönheit gelassen. Der Mensch begegnet ihr mit Liebe und mit Freude über ihre Schönheit. Liebe und Freude sind auch die Grundhaltung, die das Loben Gottes trägt. Das hat Augustinus in seiner klassischen Formel so ausgedrückt: „Cantare amantis est". Singen kann nur, wer die Schöpfung liebt und wer sich an ihr freut. Choros, so sagt Platon, kommt von chara, von der Freude. So bringt Augustinus diese drei Begriffe Loben, Lieben und Sich-freuen zusammen: „Wer singt, der lobt nicht nur, der lobt auch freudig. Wer lobsingt, der singt nicht nur, nein, er liebt auch den, dem er singt."

Der Mönch lobt nicht nur seinen Schöpfer. Im Loben ist er selbst schöpferisch. Die Schöpfung kann nur der richtig loben, der in seinem Lob die Schönheit des Schöpfers aufstrahlen läßt. Die Mönche loben Gott in den Psalmen und Hymnen, beides Schöpfungen eines kreativen Geistes. Die Griechen haben die enge Beziehung von Schöpfung und Dichtung in einem Wort ausgedrückt, das wohl Schöpfung wie Dichtung bedeutet: poiesis. Die Gedichte der Psalmen und Hymnen, in denen wir Gott loben, sind Schöpfungen von Künstlern, die sich von Gottes Schönheit ergreifen ließen. Für die Griechen mußten die Künstler des Gottes voll sein, um schaffen zu können. Für Pindar ist die Hymnendichtung „ein unsterblich Bemühen des Menschen, ihm zu Lehen gegeben von der Gottheit" (Löhr 42). Die Voraussetzung für das Dichten der Hymnen ist das Ergriffensein von Gott, das „In-Gott-Sein" (= Enthousiasmos). Für Plato ist der Dichter „nicht eher imstande zu dichten, als bis er Gottes voll und außer sich geraten ist" (Plato Ion 534 B, Löhr 37) Und Pindar bekennt: „Mit Gott nur blüht der Sänger immer von weisen Gedanken." (Ebd 40) Gott selbst wird in den Psalmen, die wir singen, zum Lobsänger seiner eigenen Herrlichkeit. „Gottes Wort lobt Gottes Werk." (Ebd 41) Es gibt aber noch eine andere Beziehung zwischen Loben und Schöpfung. Für das Johannesevangelium ist der Logos der Grund aller Schöpfung. In ihm ward alles erschaffen. Der Logos ist auch Grund des menschlichen Wortes, das die Schöpfung lobt. Die christliche Liturgie versteht das Verhältnis von Lob und Schöpfung vom menschgewordenen Logos, der Grund der Schöpfung und Grund des menschlichen Lobens ist. Indem die Menschen singend Gottes Dinge nennen, wirkt Gottes Wort in ihrem Wort und schafft die Dinge. Ähmiliana Löhr drückt das so aus: „Weil sie singen, darum bestehen die Dinge fort, werden fortwährend neu geschaffen, von Tag zu Tag und von Stunde zu Stunde ... Weil sie singen, dauert die Welt, und wenn dieser Hymnus verstummte, versänke die Welt in das Nichts." (Ebd 110) Das klingt recht mythologisch. Die Naturreligionen glaubten, daß der Mensch in seinem

Kult, vor allem in den Fruchtbarkeitsriten, die Erde fruchtbar mache. Die Menschen erwarteten sich vom Kult Bestand und Fruchtbarkeit der Schöpfung. Im christlichen Bereich ist diese Anschauung vergeistigt. Das Wort, das die Welt erschaffen hat, schafft die Dinge neu. Indem die Welt im Wort der Psalmen ausgedrückt wird, wird sie wieder offen auf Gott hin. Man kann sich diesen Vorgang von der Philosophie her erklären. Die Phänomenologie unterscheidet zwischen Vorhandensein und Wirklichsein. Die Landschaft ist da unabhängig vom Wort. Aber wenn sie nicht ins Wort gefaßt wird, wenn sie nicht besungen wird, ist sie bloß vorhanden. Erst wenn ich darüber mit einem spreche, erst wenn ich sie lobe, erst wenn ich sie im Gedicht besinge, wird sie für mich und für andere wirklich. Erst das lobende Wort weckt das Leben, das in der Landschaft schlummert. So läßt das Lob des Schöpfers, das die Mönche im Chorgebet singen, die Schönheit der Schöpfung für die Menschen erstrahlen. Das Wort des Lobes wird so zum Mitschaffer und Erhalter der Schöpfung Gottes. Das ist wohl die höchste Würde des Gotteslobes, daß Gottes schöpferisches Wort in ihm selbst wirksam wird und die Schöpfung in der lobenden Antwort des von Gottes Gnade ergriffenen Menschen zur Vollendung kommt.

Vielleicht meinen manche, das sei zu hoch gegriffen. Aber wenn die Menschen an einem Kloster vorbeifahren und wissen, daß da Tag für Tag Gott gelobt wird, dann verändert sich für sie die Welt. Sie können sie wieder mit den Augen des Glaubens sehen, sie können wieder erkennen, daß es Gottes gute Schöpfung ist. Wer überall nur die Umweltzerstörung sieht, der wird blind, in der Schöpfung Gott zu erkennen. Und wer die Welt nur für sich ausbeutet, der verliert den

Blick für das Geheimnis der Schöpfung, in der Gott selbst erfahren werden kann. In einem benediktinischen Kloster wird die Schöpfung nicht nur besungen. Sie wird auch in ihrer Schönheit dargestellt in schönen Kirchenbauten, in der Art und Weise, wie Liturgie gefeiert wird. Da wird nicht einfach eine religöse Pflicht erfüllt. Da entwickelt man Phantasie und Kreativität, um Gottes Schönheit würdig zu feiern. Der Kult hat immer auch mit Kultur zu tun, der Gottesdienst mit Herrlichkeit. In den Riten der Liturgie wird das Geheimnis der guten Schöpfung offenbar. Ein großer Teil unserer liturgischen Riten entstammt den Fruchtbarkeitskulten. Die frühe Kirche hat ohne Angst die heidnischen Fruchtbarkeitsriten übernommen und sie christlich umgedeutet und getauft. So hat sich gerade in den Riten die ursprüngliche Schöpfungsspiritualität erhalten. Matthew Fox betont immer wieder, daß im Kult der Kosmos gegenwärtig ist und daß schöpfungsbezogene Rituale auch heute die Menschen begeistern könnten. „Wenn schöpfungsbezogene Rituale gefeiert werden, stellen Jungen ihre Räder ab, legen Jugendliche ihre Skateboards weg und drücken alte Männer ihre Nasen an die Glasscheiben, um hineinzusehen." (Fox, Schöpfungsspiritualität 54f) Bei unseren Jugendkursen können wir ähnliche Erfahrungen machen. Die Jugendlichen haben einen Sinn für Rituale. Wenn z.B. Jugendliche am Gründonnerstag in einer feierlichen Prozession Blumen, Kerzen, Brot und Wein in vielen Hostienschalen und Kelchen zum Altar bringen, geht ihnen das Geheimnis der Schöpfung auf, da spüren sie, daß sie im Brot und Wein die Sehnsucht der ganzen Schöpfung nach Verwandlung auf den Altar tragen. Und sie tun es mit einer so großen Ehrfurcht, daß ihre langsame schweigende Gabenprozession die große Gemeinschaft der Gottesdienstbesucher in Bann schlägt.

Das benediktinische Gotteslob ist Ausdruck des Glaubens, daß Gott die eigentliche Wirklichkeit unseres Lebens ist. Gott ist genauso wirklich wie die Schöpfung, in der er uns begegnet und in der er sichtbar und erfahrbar wird. Den Primat Gottes in einer säkularisierten Welt hochzuhalten, ist eine wichtige Aufgabe der Mönche. Eine Studentin meinte einmal, sie käme deswegen an Ostern so gerne zu uns, weil das einer der wenigen Orte in der Kirche sei, wo Gott im Mittelpunkt stehe. Wenn Gott im Mittelpunkt steht, dann findet auch der Mensch zu seiner Mitte, dann entsteht auf einmal unter 300 jungen Leuten, die zum Osterkurs kommen, eine intensive Gemeinschaft. Jeden Morgen, wenn ich um 5.00 Uhr durch den Kreuzgang zum Chorgebet in die Abteikirche gehe, sage ich mir das vor, daß es nicht in erster Linie um mich geht, sondern um Gott, daß es jetzt nicht so wichtig ist, ob ich mich müde fühle oder nicht, ob ich Lust zum Beten habe oder nicht, sondern daß Gott da ist, daß Gott der Schöpfer der ganzen Welt und mein Schöpfer ist und ich sein Geschöpf, daß ich nur dann schöpfungsgemäß lebe, wenn ich meinen Schöpfer anbete und preise: „Der Herr ist König. Die Erde frohlocke. Freuen sollen sich die vielen Inseln." (Ps 97,1) Das Lob des Schöpfers meint immer auch das Lob des Geschöpfes. Wer von Gott gut redet (benedicere), der muß auch vom Menschen und von der Schöpfung gut reden, der sieht jedes Geschöpf mit guten Augen und erkennt in ihm Gottes Herrlichkeit. Das führt zu einer optimistischen Grundhaltung, die uns gerade heute, da viele von Zukunftsangst und Hoffnungslosigkeit bestimmt sind, gut täte.

3. Die Ehrfurcht vor den Dingen

Vom Cellerar verlangt Benedikt: „Alle Geräte des Klosters und den ganzen Besitz betrachte er wie heilige Altargefäße." (RB 31,10) Benedikt kennt keine Trennung von sakral und profan. Für ihn spiegelt die ganze Schöpfung Gottes Herrlichkeit wider. Und in allen Dingen berührt man den Schöpfer. Was in der Liturgie geschieht, ist die Einübung einer neuen Beziehung zu den Dingen. Alles in dieser Welt ist heilig, weil alles durchdrungen ist vom schöpferischen Geist Gottes. Benedikt bezieht sich in dieser Forderung an den Cellerar auf eine Verheißung des Propheten Sacharja, „der für das ‚Haus des Herrn' die Aufhebung des Unterschieds zwischen sakral und profan ankündet" (Holzherr 194).

„An jenem Tag wird auf den Pferdeschellen stehen: Dem Herrn heilig. Die Kochtöpfe im Hause des Herrn werden gebraucht wie die Opferschalen vor dem Altar. Jeder Kochtopf in Jerusalem und Juda wird dem Herrn der Heere geweiht sein." (Sach 14,20f) Der Umgang mit den Dingen ist genauso ein priesterliches Tun wie das Handhaben der heiligen Altargefäße. Der Altar, auf dem die Mönche ihren Tempeldienst der täglichen Arbeit verrichten, ist der Altar des Herzens, von dem Origines sagt: „Der Altar ist also des Menschen Herz, das als das Vornehmste im Menschen gilt." (Holzherr 194) Der Mönch soll immer darauf achten, daß Feuer auf dem Altar seines Herzens brenne, d.h. daß er in allem, was er tut, von der Liebe geleitet wird. Dann wird Gottesdienst und Arbeit eins, dann wird alles zum priesterlichen Tun, das diese Welt verwandelt und für Gott durchscheinend werden läßt.

Die Ehrfurcht vor den Dingen ist ein zentraler Aspekt der Schöpfungsspiritualität. Die Ehrfurcht hat ein Gespür für das Geheimnis der Schöpfung, für ihre Heiligkeit. Ohne Ehrfurcht wird das Leben langweilig und belanglos. Abraham J. Heschel, ein jüdischer Denker, sagt: „Verlierst du die Ehrfurcht und läßt den Stolz deine Achtung vermindern, dann wird dir die Welt zu einem Marktplatz werden." (Fox, Schöpfungs-spiritualität 46) Ehrfurcht neigt sich vor dem Großen und Heiligen. Und sie kann staunen. Ohne Ehrfurcht wird alles banal. Es gibt kein Geheimnis mehr, nichts mehr, das man staunend bewundern kann. Die Ehrfurcht ist der Schlüssel, um in allen Dingen Gott zu entdecken, um die Dinge zu achten und behutsam mit ihnen umzugehen. „Sie entspringt dem Staunen und der Stille vor dem Göttlichen und ist das religiöse Grunderlebnis" (Maurer 985). Goethe meint, die Aufgabe aller echten Religion sei die Erziehung zur Ehrfurcht. Sie ist ein entscheidendes Kennzeichen für die Humanität des Menschen. Und Romano Guardini meint von der Ehrfurcht: „In der Ehrfurcht verzichtet der Mensch auf das, was er sonst gern tut, nämlich in Besitz zu nehmen und für die eigenen Zwecke zu gebrauchen. Statt dessen tritt er zurück, hält Abstand. Dadurch entsteht ein geistiger Raum, in welchem das, was Ehrfurcht verdient, sich erheben, frei dastehen und leuchten kann." (Guardini 69)

Für die Bibel ist die Furcht des Herrn der Anfang der Weisheit. Die Furcht des Herrn drückt das Betroffensein von Gott aus, daß man Gott nicht zu sich herabzieht, sondern zu ihm aufschaut als dem ganz Anderen und Ehrfurchtgebietenden. Benedikt spricht in seiner Regel immer wieder von der Furcht des Herrn. Der Inhalt der Lehre, die der Heilige Geist den Mönchen in der Schule des Herrn erteilen möchte, ist die Furcht des Herrn: „Kommt, ihr Söhne, hört mir zu! Die

Furcht des Herrn will ich euch lehren." (RB Prol 12) Benedikt spricht von der Furcht des Herrn vor allem im 7. Kapitel, in den Kapiteln über den Gottesdienst und in den Kapiteln über den Umgang mit den Menschen und Dingen. Der spirituelle Weg besteht darin, die Furcht des Herrn zu lernen, ein Gespür für den ganz anderen Gott zu entwickeln, der immer zugleich der Erschreckende und Faszinierende ist. Die Haltung der Ehrfurcht ist vor allem beim Gottesdienst angemessen. Wenn der Abt in der Vigil die Lesung aus den Vigilien liest, stehen alle dazu in Ehrfurcht auf (cum honore et timore stantibus, RB 11,9). Die Psalmen sollen alle in der Furcht des Herrn singen: „Überdenken wir darum immer, was der Prophet sagt: Dient dem Herrn in Furcht!" (RB 19,3) Und auch das persönliche Gebet braucht die Demut und Ehrfurcht (RB 20,1f).

Aber die Furcht Gottes verlangt Benedikt gerade auch von denen, die mit weltlichen Dingen umgehen, so vor allem vom Cellerar. Der Abt wähle einen aus, der „gottesfürchtig" ist (RB 31,2). Die Gottesfurcht soll sich in seinem ganzen Verhalten ausdrücken. Sie soll ihn zur Achtsamkeit und Behutsamkeit im Umgang mit den Menschen und mit den Dingen führen. Er darf keinen Bruder verachten und kränken oder verärgern, indem er ihn willkürlich behandelt. Wer Gott fürchtet, der wird auch Ehrfurcht haben vor seinen Geschöpfen, vor den Menschen, aber auch vor den Dingen. Es ist schon interessant, daß die Gottesfurcht für Benedikt wohl die wichtigste Voraussetzung für Brüder ist, denen ein verantwortliches Amt aufgetragen wird, für den Abt, für den Cellerar, für den Gastbruder, für den Pförtner. Der Umgang mit der Welt wird nur dann angemessen sein, wenn wir sie als Schöpfung Gottes verstehen und achten. Die hl. Hildegard von Bingen stellt die

Gottesfurcht als einen Engel dar, der am ganzen Leib Augen hat. Er ist ganz und gar Auge. Er sieht mit dem ganzen Leib. Er ist mit seinem ganzen Wesen auf Gott gerichtet. Und er sieht in allem Gottes gute Geschöpfe, in den Menschen, die ihm begegnen, und in den Dingen, mit denen er arbeitet, und in der Natur, in der Gottes Herrlichkeit aufscheint.

Die Ehrfurcht und Achtsamkeit vor den Dingen verlangt Benedikt nicht nur vom Cellerar und den wichtigsten Offizialen, sondern von allen Brüdern. Der Abt soll die Werkzeuge, Kleider und Dinge jeder Art Brüdern anvertrauen, „auf deren Leben und Charakter er sich verlassen kann. Wie er es für vorteilhaft hält, weise er sie an, was sie überwachen (custodire) und wieder einsammeln sollen." (RB 32,1f) Für Benedikt ist es wichtig, daß die Brüder mit dem Werkzeug und mit allen Dingen im Kloster sorgfältig umgehen. „Wenn einer die Sachen des Klosters im Schmutz verkommen läßt oder nachlässig behandelt, werde er zurechtgewiesen." (RB 32,4) Die Dinge sind heilig. Wie wir mit ihnen umgehen, darin zeigt sich unsere ganze Haltung. Wer brutal mit seinem Werkzeug, mit seinen Büchern, mit dem Geschirr umgeht, der wird genauso hart auch mit sich selbst umgehen. Ich erschrecke manchmal, wie brutal gerade fromme Menschen mit Dingen umgehen, wie kulturlos z.B. in manchen Sakristeien mit den Altargeräten und Meßgewändern umgegangen wird, wie achtlos manche ihre Aktentasche hinwerfen. Es tut mir immer weh, wie manche ihre Bücher behandeln. Wenn sie sie gelesen haben, sind sie zerfleddert und schmutzig. In solchem Umgang mit den Dingen drückt sich die innere Verfassung des Menschen aus. Wer auf seine Seele achtet, der wird auch in Ehrfurcht auf die Dinge achten, die ihm anvertraut sind. Das ist eine andere Haltung, als sie in unserer Wegwerfgesellschaft zu beobachten ist. Es ist die Haltung des Bewahrens, des Hegens und Pflegens, die Haltung der Ehrfurcht und Achtsamkeit vor allem und jedem.

Gottesfurcht und Ehrfurcht verlangt Benedikt auch von dem Bruder, dem die Gastwohnung anvertraut wird. Er soll dafür sorgen, daß immer genügend Betten dort bereitstehen: „Das Haus Gottes soll von Weisen und weise verwaltet werden." (RB 53,22) Die Gottesfurcht drückt sich im sorgfältigen Umgang mit den Dingen und in der achtsamen Sorge für die Menschen aus. Wir meinen, ein Gastbruder bräuchte vor allem Organisationstalent und ein freundliches Wesen. Aber für Benedikt ist es vor allem wichtig, daß seine „Seele von der Gottesfurcht erfüllt ist" (RB 53,21). Im Lateinischen heißt es: cuius animam timor Dei possidet = von dessen Seele die Gottesfurcht Besitz ergriffen hat, den also ganz und gar die Gottesfurcht bestimmt. Offensichtlich glaubt Benedikt, daß die Gottesfurcht die Voraussetzung dafür ist, daß jemand auch die Schöpfung ernst nimmt, daß er jeden Winkel des Hauses sauber hält und die Zimmer so herrichtet, daß man darin gerne wohnen mag. Wer von der Gottesfurcht erfüllt ist, wird den Menschen ernst nehmen und er wird alles als heiliges Altargerät betrachten. Er wird in der Sorge für die Dinge seine Beziehung zu Gott leben, von dem alle Dinge ja geschaffen sind und von dem sie künden.

Die Verbindung von menschlicher Reife und Gottesfurcht als Voraussetzung für den richtigen Umgang mit der Welt sehen wir auch im Kapitel über die Pförtner: „An die Pforte des Klosters wird jemand gestellt, der gesetzten Alters und erfahren ist (sapiens), der Rede und Antwort zu stehen weiß, und den ein reifer Charakter hindert, herumzuschweifen... Sobald jemand geklopft oder ein Armer gerufen hat, antworte er ‚Dank sei Gott!‘ oder ‚Segne mich!‘ Aus Gottesfurcht gebe er in aller Freundlichkeit Antwort und mit Eile, da die Liebe ihn drängen muß." (RB 66,1.3f) Die Gottesfurcht sammelt den Mönch, daß er ganz im Augenblick ist und ihm gerecht wird. Unachtsamkeit ist ja immer Folge von Zerstreuung und innerer Zerrissenheit. Weil ich nicht ganz präsent bin, werde ich weder den Dingen gerecht, mit denen ich gerade zu tun habe, noch den Menschen, die mir begegnen. Ich werde gleichgültig gegenüber dem Geheimnis des Menschen und gegenüber den Gesetzen der Natur. Gottesfurcht meint, daß ich wirklich in Beziehung bin mit dem Augenblick und mit allem, was ich berühre und wem ich begegne. Das Geheimnis in allem entdecke ich erst, wenn die Gottesfurcht mich sensibel macht für Gottes Gegenwart in allen Dingen, wenn sie mich herausreißt aus dem narzistischen Kreisen um die eigenen Phantasien, das heute so charakteristisch ist für viele Menschen. Viele hängen heute auch in ihrer Arbeit irgendwelchen Träumen nach. Sie träumen vom Wochenende und vom Urlaub. Da ist es dann kein Wunder, daß sie unachtsam mit den Dingen umgehen, daß da immer wieder der Hammer zerbricht oder der Nagel schief eingeschlagen wird. Wieviel einem bei der Arbeit in die Brüche geht, das hängt von der eigenen inneren Verfassung ab. Im Äußeren drückt sich das Innere der Seele aus. Wenn einem daher vieles bei der Arbeit daneben geht, ist das immer Ausdruck der inneren Schieflage. Benedikt erkennt an dem, der sorgfältig und behutsam mit seinem Werkzeug umgeht, die Gottesfurcht als letzte Grundhaltung. Und umgekehrt zeigt sich die echte Frömmigkeit, die wahre Gottesfurcht, nicht nur in vielen frommen Gebeten, sondern gerade im achtsamen Umgang mit dem Arbeitsgerät, in der wachen Begegnung mit den Menschen und in der Präsenz, die ein Mensch in all seinem Tun ausstrahlt.

Die Ehrfurcht vor der Schöpfung und der achtsame Umgang mit ihr hat bei vielen Heiligen dazu geführt, daß sie auch im Einklang mit den Tieren leben. Viele Heiligenlegenden berichten, daß Löwen den Einsiedlern gedient haben, daß ein Bär zum Schützer einer Jungfrau wird, daß Raben den Heiligen Nahrung bringen. Auch vom hl. Benedikt wird erzählt, daß er eine gute Beziehung zu den Tieren hatte. Täglich kam ein Rabe zur Stunde der Mahlzeit aus dem nahen Wald, um von Benedikt Brot zu erhalten. Als Florentius, der neidische Priester, Benedikt vergiften wollte und ihm vergiftetes Brot sandte, da befahl der Abt dem Raben, das Brot zu nehmen und es an einer Stelle wegzuwerfen, an der es niemand mehr findet. „Da sperrte der Rabe seinen Schnabel auf, spreizte seine Flügel und hüpfte krächzend um das Brot herum, als müßte er deutlich machen, daß er zwar gehorchen wolle, den Befehl aber nicht ausführen könne." (Gregor, Dialoge 131) Schließlich faßt der Rabe das Brot doch mit seinem Schnabel und fliegt davon. Erst nach drei Stunden kommt er wieder, um aus der Hand Benedikts sein tägliches Futter zu bekommen. Diese Schilderung zeigt, wie Benedikt nicht nur im Einklang mit sich und mit der Natur um sich herum gelebt hat, sondern wie er den Tieren und die Tiere ihm dienten. Sie spürten, daß da ein Mensch auch seine tierischen Aspekte integriert hat. Im Traum stehen die Tiere oft für triebhafte Seiten des Menschen. Und nur wenn der Mensch seine Triebe integriert, hat er teil an der Weisheit der Natur, wie sie etwa in den Märchen die vielen helfenden Tiere symbolisieren. Dann werden die

Tiere mit ihm im Frieden leben, ja sie werden zu Helfern auf dem Weg zu Gott.

Der sorgfältige Umgang mit den Dingen hat im Laufe der Geschichte dazu geführt, daß Benediktinerklöster in Europa die Kultur weithin geprägt haben. Sie haben in ihren Bauten etwas ausgedrückt vom Geheimnis des Kosmos. Die Klosteranlage etwa von St. Gallen drückt aus, daß alle wichtigen Berufe innerhalb der Klostermauern angesiedelt waren. Es war eine Welt für sich. Die Kultur hat sich im sorgsamen Umgang mit der Natur ausgedrückt. Da die Klöster immer am gleichen Ort blieben, haben sie ihren Lebensraum auch gepflegt. Sie haben Gärten angelegt, in denen sie sich erholen konnten. Und sie haben eine Landwirtschaft aufgebaut, um sich ernähren zu können. Dabei haben sie nie Raubbau mit der Natur getrieben. Sie haben sie vielmehr gehegt und gepflegt, weil sie auch den nachkommenden Generationen einen lebenswerten Raum hinterlassen wollten. Und sie hatten Sinn für Wissenschaft und Kunst. In ihren Schreibstuben haben sie die Werke der griechischen Philosophie und Dichtung weiter überliefert. Sie haben mit Liebe die liturgischen Bücher ausgemalt. Und sie haben die Musik gepflegt, die das Herz des Menschen erfreut. Benedikt wollte nicht den großen Asketen, sondern den, der maßvoll mit dieser Welt umgeht und sich an ihr freuen kann.

Die Frage ist, wie wir Benediktiner heute unserer Tradition gerecht werden und in unserer Welt den Sinn für die Ehrfurcht vor allen Dingen vermitteln. Wie die Kirche allgemein hinken auch wir heute den ökologischen Strömungen zumeist hinterher. Von unserer Tradition her hätten wir die Aufgabe, die Ehrfurcht vor der Schöpfung nicht nur in unserem Umgang mit den Dingen auszudrücken, sondern auch in einem ökologi-

schen Wirtschaften. Zwar können wir in Münsterschwarzach einige ökologische Projekte vorwei-
sen. Wir haben eine Biogasanlage gebaut, wir
gewinnen Strom aus Wasserkraft, wir versuchen,
möglichst niedrig zu heizen, wir trennen den
Müll und sind bestrebt, Müll zu vermeiden, wo es
nur geht. Aber es genügt nicht, nur auf einige
Projekte hinzuweisen. Die Frage ist, wie unser
ganzes Arbeiten und Wirtschaften von ökologischen Gesichtspunkten geprägt ist. Da ist es bei
uns nicht anders als in der Welt. Auch da kämpfen
die Technokraten und die Ökologen miteinander. Theoretisch sind wir uns natürlich einig, daß
wir auf unsere Umwelt achten müssen. Aber sobald es praktisch wird, scheitert vieles auch am
Geld oder an den Schwierigkeiten, die Ideen in die
Tat umzusetzen.

4. Ehrfurcht vor den Menschen

Die Ehrfurcht vor Gott, die Ehrfurcht vor dem Menschen und die Ehrfurcht vor der Schöpfung hängen eng miteinander zusammen. Benedikt gebraucht das Wort reverentia (Ehrfurcht) vor allem im Zusammenhang mit dem Beten. So sollen sich alle Brüder beim „Ehre sei dem Vater" von ihren Sitzen erheben „aus tiefer Ehrfurcht vor der heiligen Dreifaltigkeit" (RB 9,7). Und er schreibt ein eigenes Kapitel über die Ehrfurcht beim Gebet (RB 20). Die Ehrfurcht ist die Grundhaltung beim Beten. Sie hat ein Gespür für das Geheimnis Gottes. Gott ist immer der Ehrfurcht-Gebietende, der unendliche und erhabene Schöpfer: „Wenn wir mächtigen Leuten etwas nahelegen wollen, wagen wir das nur mit Demut und Ehrfurcht. Wieviel mehr müssen wir zum Herrn, dem Gott des Alls, mit aller Demut und in lauterer Hingabe flehen!" (RB 20,1f) Es ist wieder der Schöpfer, der hier mit Ehrfurcht angebetet wird. Neben der Ehrfurcht im Gebet spricht Benedikt aber auch von der Ehrfurcht, die wir Menschen gegenüber zeigen sollen. Die Ehrfurcht gilt einmal den Obern gegenüber: „Muß man also den Obern etwas fragen, so stelle man die Bitte mit Ehrfurcht." (RB 6,7) Aber mit der gleichen Ehrfurcht sollen die Mönche sich auch gegenseitig begegnen: „Die Jüngeren sollen also die Älteren ehren, die Ältern die Jüngern lieben. Wenn man einen andern beim Namen rufen will, darf man ihn nicht mit dem bloßen Namen anreden, sondern die Ältern sollen die Jüngern mit dem ,Bruder'-Namen, die Jüngern einen Ältern ,Nonnus' rufen, was soviel heißt wie ,Ehrwürdiger Vater' (quod intelligitur paterna reverentia)". (RB 63,10-12) Und Benedikt beschreibt in einer Zeit, in der alle menschlichen Umgangsformen zerfielen, wie die Ehrfurcht im Umgang miteinander konkret aussehen soll. „Wo immer sich Brüder begegnen, bitte der Jüngere um den Segen des Ältern. Wenn ein Oberer vorbeigeht, stehe der Jüngere auf und biete ihm den Platz zum Sitzen an. Der Jüngere nehme sich nicht heraus, sich hinzusetzen, ehe ihn der Ältere dazu auffordert. Es geschehe, was die Schrift sagt: ‚Übertrefft euch in gegenseitiger Achtung!'(honore invicem praevenientes)." (RB 63,15-17) Es geht im alltäglichen Umgang miteinander um die Ehrfurcht vor dem Geheimnis des andern und darum, daß einer für den andern zum Segen werden soll. Jeder Mensch ist für den andern eine Quelle des Segens. Wo wir uns das einander zugestehen, gehen wir anders miteinander um. Da gibt es keine Konkurrenz und kein mißtrauisches Beobachten, ob die andern nach den Normen leben. Da bestimmt eine positive Grundhaltung das Verhältnis der Menschen untereinander. Dieser Glaube, daß einer für den andern zum Segen werden kann, entspricht zutiefst der Schöpfungsspiritualität.

Der Grund der Ehrfurcht vor den Menschen ist der Glaube, daß uns in jedem Menschen Christus begegnet. In den Gästen, in den Kranken, in den Armen und Pilgern, in jedem Fremden wird Christus selbst aufgenommen: „Gäste, die ankommen, empfange man alle wie Christus; weil er selber sagen wird: Ich war fremd und ihr habt mich aufgenommen. Allen erweise man die Ehre, die ihnen zusteht, besonders denen, die mit uns im Glauben verbunden sind, und den Pilgern." (RB 53,1f). Die benediktinische Gastfreundschaft ist im Laufe der Jahrhunderte sprichwörtlich geworden. Sie setzt die Gastfreundschaft fort, die in der frühen Kirche das Kennzeichen der Christen war und die sowohl den Griechen wie Römern heilig war. Denn im Fremden, den man aufnahm, so waren die Griechen überzeugt, kann uns Gott selbst begegnen. Der Grieche Lukas schildert Jesus als den göttlichen Wanderer, der immer wieder bei den Menschen als Gast einkehrt und ihnen Heil und Frieden als göttliche Gastgeschenke vermacht. Gott selbst sucht in Jesus sein Volk heim: „Durch die barmherzige Liebe unseres Gottes wird uns besuchen das aufstrahlende Licht aus der Höhe." (Lk 1,78) Von diesem Glauben der frühen Christen her wird verständlich, wenn Benedikt schreibt: „Bei der Begrüßung begegne man allen Gästen, die ankommen oder fortgehen, in tiefer Demut: Man neigt den Kopf oder wirft sich ganz zur Erde nieder, um in den Gästen Christus zu verehren (adoretur = anbeten), der auch wirklich aufgenommen wird." (RB 53,6f) Daher zählen nicht die sozialen Unterschiede, sondern allein die Würde des Menschen, die jeder hat, weil er ein Geschöpf des liebenden Vaters ist und weil in ihm Christus selbst als der innerste Grund ist. So zitiert Benedikt beim Abtskapitel Gal 3,28, wo Paulus die Erfahrung der frühen Christen von der gleichen Würde aller Menschen ausdrückt: „Denn ob Sklave oder freier Mann, in Christus sind wir alle eins." (RB 2,20) Dieser Glaube an Christus im Bruder und in der Schwester hat zu einer Kultur des menschlichen Miteinanders geführt, die uns heute großenteils abhanden gekommen ist. Es ist eine Kultur der Ehrfurcht, in der jeder sein darf, wer er ist, in der jeder das einmalige Bild, das Gott sich von ihm gemacht hat, leben kann. Die Ehrfurcht will nicht in das Geheimnis des Menschen eindringen, sie läßt ihm seinen persönlichen Raum. Heute gibt es eine schamlose Jagd nach den Intimitäten eines Menschen. Der Rufmord, zu dem diese Sensationslust oft führt, zeigt, wie lebensverneinend eine solche Kulturlosigkeit im Umgang miteinander letztlich ist. Die benediktinische Ehrfurcht und Achtung vor dem Geheimnis jeden Menschen täte uns da gut, damit eine neue Kultur im Umgang miteinander wachsen kann.

Die Ehrfurcht vor den Menschen hat für Benedikt ganz konkrete Auswirkungen für die Arbeit miteinander. Das wird vor allem deutlich in den Führungskapiteln, im Kapitel über den Abt und den Cellerar. Vom Cellerar verlangt Benedikt vor allem, daß er die Brüder nicht betrüben soll. Nicht der wirtschaftliche Gewinn steht im Mittelpunkt, sondern die Achtung vor dem Menschen: „Die Brüder soll er nicht betrüben. Äußert vielleicht ein Bruder unvernünftige Wünsche, soll er ihn nicht kränken, indem er ihn mit Verachtung abweist, sondern in Demut und unter Angabe der Gründe die ungehörige Bitte ablehnen." (RB 31,6f) Die Ehrfurcht gilt also auch gegenüber Menschen, die zuviel von uns wollen, die nur an sich denken und „ungehörige" Bitten stellen. Entscheidend ist, daß sich jeder als einmaliger Mensch in seiner Würde angenommen fühlt. Das erfordert von denen, die eine Gemeinschaft leiten, ein hohes Maß an Sensibilität für das Geheimnis der einzelnen. Wer führt, soll die Brüder nicht von oben herab behandeln. So soll der Cellerar seine Macht nicht mißbrauchen, indem er die Brüder warten läßt mit der Ausgabe des Essens. Pünktlichkeit ist Ausdruck der Ehrfurcht vor dem Menschen. Weil ich ihn ernst nehme, versuche ich, pünktlich zu sein bei Verabredungen. Wer seine Macht willkürlich gebraucht, wer sich nicht an Zeiten hält, der läßt die andern spüren, daß sie ihm nichts wert sind. In Firmen lassen es die Obersten oft ihre Untergebenen spüren, wer hier die Macht hat. Je höher einer ist, desto später erscheint er, um so seine Wichtigkeit kundzutun. Ähnlich tun es die Politiker und kirchlichen Würdenträger. Ja, manchmal setzt man das Wartenlassen bewußt als Druckmittel ein. Wer warten muß, wird nervös und ist so leichter manipulierbar. Das ist Menschenverachtung.

Beim Umgang mit den Brüdern soll der Cellerar immer bedenken, „was nach Gottes Wort verdient, wer einem von diesen Kleinen Ärgernis gibt" (RB 31,16). Die wichtigste Haltung des Cellerars ist daher die Demut: „Vor allem sei ihm die Demut eigen. Wenn er nichts hat, was er einem geben könnte, schenke er ihm wenigstens ein freundliches Wort, wie geschrieben steht: Ein freundliches Wort geht über die beste Gabe." (RB 31,13f) Die Demut bedeutet, daß ich im Wissen um die eigenen Grenzen Ehrfurcht habe vor dem Geheimnis der andern. Und sie bedeutet als humilitas, als Mut zur eigenen Erdhaftigkeit, nicht nur den spirituellen Umgang mit den Menschen, sondern auch mit den Dingen. Mit Geld wird ja oft sehr viel Macht ausgeübt. Da machen manche Cellerare den Mitbrüdern oder Mitschwestern zum Vorwurf, daß sie überhaupt Wünsche haben. Sie weisen sie barsch zurück, daß dafür kein Geld vorhanden sei. Sie berufen sich auf das Ideal der Armut, um den andern ein schlechtes Gewissen einzuimpfen, daß sie es überhaupt wagen, eine Bitte zu äußern. Aber auch in Familien wird mit Geld oft Macht ausgeübt. Die Söhne und Töchter, denen man das Studium bezahlt, werden auch innerlich abhängig gehalten. Sie dürfen nicht widersprechen und ihre eigenen Vorstellungen vom Leben entwickeln. In Firmen wird der Wert des einzelnen oft danach berechnet, wieviel er der Firma einbringt. So ein Umgang mit Geld ist Machtmißbrauch und Ausdruck von Menschenverachtung. Der spirituelle Umgang mit Geld meint, daß jeder von uns ein Recht hat, seine Bedürfnisse zu äußern und daß wir jeden in sei-

nen Bedürfnissen ernst nehmen. Es heißt aller-
dings nicht, daß wir alle Bedürfnisse erfüllen.
Aber auch der Mitbruder mit den meisten Bedürfnissen hat ein Recht auf unsere Ehrfurcht, auf
unsere Achtung, er hat das Recht auf ein freundliches Wort. Interessant ist, daß Benedikt hier auf
den Epheserbrief zurückgreift. Der Cellerar soll
das Haus Gottes auferbauen. Sein freundliches
Wort soll den einzelnen aufbauen und so zum
Aufbau des Leibes Christi beitragen. Es ist heiliges Tun: „Über eure Lippen komme kein böses
Wort, sondern nur ein gutes, das den, der es
braucht, stärkt (eigentlich: erbaut), und dem, der
es hört, Nutzen bringt." (Eph 4,29)
Wenn wir Benedikts Forderungen an den Cellerar sehen, könnten wir meinen, er würde ihn
überfordern. Aber auch der Cellerar hat ein Recht
auf Ehrfurcht und Achtsamkeit. Er soll darauf
achten, was ihm gut tut, er soll behutsam und
sorgsam mit sich umgehen. Wenn er daher zuviel
Arbeit hat, sollen ihm Gehilfen gegeben werden,
so daß er sein Amt ausüben kann, „ohne den
Frieden der Seele zu verlieren" (RB 31,17). Er
kann in die Gemeinschaft nur Frieden bringen,
wenn er in sich selbst Frieden hat. Die Ausstrahlung, die von einem ausgeht, ist wichtiger, als
billige Führungstricks, mit denen man seine An-
gestellten austrickst. Es gibt Menschen in
Verantwortungspositionen, von denen Unfrie-
den und Unklarheit ausgeht, weil sie mit sich
selbst nicht im Reinen sind. Von andern geht
Spaltung aus. Wo sie auch sind, in kurzer Zeit
spalten sie die Menschen um sich herum. So gibt
es Pfarrer, die jede Pfarrei spalten, weil sie in sich
selbst gespalten sind, weil sie sich nicht ausge-
söhnt haben mit der eigenen Realität, weil sie alle
negativen Seiten von sich abgespalten haben und
auf andere Menschen projizieren. Deshalb ver-

langt Benedikt vom Cellerar, daß er „erfahren ist (sapiens = weise), von reifem Charakter, nüchtern und kein Vielesser, nicht hochmütig, nicht aufgeregt und nicht grob, nicht langsam und nicht verschwenderisch, sondern gottesfürchtig. Er sei der ganzen Gemeinschaft wie ein Vater." (RB 31,1f) Wer andere führt, muß erst mit sich selbst zurechtkommen. Er muß an sich gearbeitet haben. Er muß seine Stärken und Schwächen kennen und mit ihnen gut umgehen. So wird er seine eigenen Probleme nicht auf die andern projizieren. Wer seine unaufgearbeiteten Emotionen auf die andern projiziert, der wird nicht auferbauen, sondern zerstören, er wird einen Emotionsbrei erzeugen, in dem sachliche Arbeit nicht mehr möglich ist. Eine klare Arbeitsatmosphäre verlangt, daß der Führende mit sich selbst klar kommt. Erst dann kann er für andere ein Vater sein. Benedikt meint mit „Vater" keinen patriarchalen Führungsstil, sondern die Fähigkeit, andern das Rückgrat zu stärken, andern Mut zu machen, selbst Verantwortung zu übernehmen, etwas zu riskieren, etwas zu wagen. Theodor Bovet meint einmal, Sucht sei Mutterersatz und Ideologie Vaterersatz. Beides, Sucht wie Ideologie, zeigen, daß man entweder mangelnde Mutter- oder Vatererfahrung hat oder daß man sich davon nicht gelöst hat. Beide Weisen der Unreife gibt es natürlich auch im Kloster. Da wird die Gemeinschaft als Ersatz für die Mutter gesehen, die alle Wünsche erfüllen muß. Und da versteift man sich in irgendwelche Ideologien oder versteckt sich hinter engen Normen, weil man seine Vaterproblematik nicht gelöst hat. Wenn Benedikt vom Cellerar verlangt, daß er der ganzen Gemeinschaft wie ein Vater sei, so meint er, daß er für sie wirklich Verantwortung übernehmen soll, aber auch, daß er es dem einzelnen nicht zu leicht machen darf. Vielmehr soll er ihn herausfordern und ernst nehmen, indem er ihn auch konfrontiert, indem er ihm etwas zutraut. Ein guter Vater läßt bei seinen Söhnen nicht alles durchgehen, sondern er setzt sich mit ihnen auseinander, er lockt aus ihnen die Möglichkeiten hervor, die in ihnen stecken. Er hat eine Vision für seine Söhne, nicht ein Idealbild, das er ihnen überstülpt, sondern einen Traum, wie jeder auf seine einmalige Weise Gott in dieser Welt darstellen und sein Charisma einbringen kann. Vater sein heißt, daß der Cellerar der Gemeinschaft Sicherheit gibt und so den Rücken freihält, damit sie frei ist, ihre eigentliche Aufgabe zu erfüllen: Gott zu verherrlichen und den Menschen zu dienen, daß sie offen ist für die Herausforderung, die jede Zeit an sie stellt, und immer wieder neue Visionen für die eigene Zukunft entwickelt.

Benedikt versteht den Führungsdienst als geistliches Tun. Daher zitiert er 1 Tim 3,13: Der Cellerar soll stets an das Apostelwort denken: „Wer seinen Dienst gut versieht, erlangt einen hohen Rang." (RB 31,8) Der Timotheusbrief bezieht sich hier auf den geistlichen Dienst des Diakons, der offensichtlich vor allem ein geistliches Amt bei der Eucharistiefeier innehatte. Der „hohe Rang" ist ein mystischer Ausdruck. Er bezieht sich „auf die Erkenntnis des Mysteriums im Altarsakrament" (Holtz 86) und meint „gottwohlgefällig, zum Heil nützlich" (Ebd). Der sorgfältige Führungsdienst tut dem Cellerar selbst gut, er bringt ihn nicht nur menschlich, sondern auch spirituell voran. Er führt zu einer tiefen Gotteserfahrung, zu einem tiefen Wissen um das Geheimnis der Verwandlung dieser Welt durch die Menschwerdung Gottes in Jesus Christus. Von dieser spirituellen Dimension des Verwaltungsdienstes her wird verständlich, wenn Benedikt am

Schluß des Cellerarskapitels schreibt: „Zur bestimmten Zeit gebe man, was zu geben ist, und erbitte, was zu erbeten ist, damit im Hause Gottes niemand verwirrt oder traurig wird." (RB 31,18f) Der Dienst muß verläßlich sein. Die Klarheit und Verläßlichkeit des Dienstes ermöglichen es, daß alle Brüder miteinander in Frieden leben können und daß keiner innerlich aufgewühlt wird (perturbetur) oder in Depression verfällt (contristetur), daß keiner in seiner Kreativität blockiert und in seiner Spontaneität gelähmt wird. Darin zeigt sich die Ehrfurcht vor dem Menschen. Das Ziel allen Wirtschaftens und allen Führens ist das Heil des Menschen, der innere Frieden und die Freude. Wenn der höchstmögliche Gewinn angestrebt wird, geht das oft auf Kosten der Umwelt und des Menschen. Wenn der Mensch und sein Heil im Mittelpunkt stehen, dann ist das auf Dauer auch am effizientesten. Denn wer gerne und froh arbeitet, wird auch mehr arbeiten als der, der mit gedrücktem Herzen in den Betrieb kommt und von seiner Traurigkeit gelähmt wird.

Die gleiche Haltung der Ehrfurcht vor dem Geheimnis jedes einzelnen spricht aus den beiden Kapiteln über den Abt. Das Ziel ist nicht die Disziplin, nicht das Durchsetzen aller Vorschriften und Befehle, sondern das Wachstum des einzelnen und der Gemeinschaft. Wachstum ist ein typischer Begriff der Schöpfungsspiritualität. Wir sollen nicht nur mit der Natur, sondern auch miteinander so umgehen, daß jeder einzelne mehr und mehr in die Gestalt wachsen kann, die ihm Gott zugedacht hat. Führen heißt für den Abt, daß er der Eigenart der einzelnen dient, daß er in ihnen Leben hervorlockt. „Dem Charakter und der Fassungskraft jedes einzelnen suche er zu entsprechen und sich allen so verständnisvoll anzupassen, daß er an der ihm anvertrauten Herde nicht nur keinen Schaden leidet, sondern sich am Gedeihen einer guten Herde freuen kann." (RB 2,32) Die Ehrfurcht vor dem einzelnen zeigt sich gerade im Umgang mit schwachen Brüdern, die sich immer wieder über die Normen hinwegsetzen. Benedikt weiß, daß Obere oft nur die Ideale einer Gemeinschaft sehen und dabei den einzelnen überfordern. Vor lauter Eifer für den Willen Gottes übersehen sie die Fassungskraft des einzelnen. Daher fordert Benedikt vom Abt: „Muß er zurechtweisen, so gehe er klug vor und tue nicht zuviel des Guten, damit das Gefäß nicht zerbricht, wenn er den Rost allzu eifrig auskratzen will." (RB 64,12) Die Kunst des Führens besteht für Benedikt darin, daß der Abt die Gabe der Unterscheidung besitze, die sog. discretio, die Benedikt die Mutter aller Tugenden nennt: „So ordne er alles mit Maß, damit die Starken finden, was sie suchen, und die Schwachen nicht weglaufen." (RB 64,19) Beide müssen herausgefordert werden, sowohl die Starken als auch die Schwachen, aber keiner auf Kosten des andern, sondern jeder so, wie es seiner Fassungskraft entspricht.

Die Ehrfurcht vor dem Geheimnis des Menschen, vor dem Geschöpfsein, vor der Würde jedes einzelnen und der Glaube an Christus in jedem Menschen hat zu einer eigenen Kultur des menschlichen Umgangs geführt. Wenn man in eine Familie oder in eine Klostergemeinschaft kommt, spürt man sofort, wie die Menschen dort miteinander umgehen. Für den benediktinischen Stil ist charakteristisch, daß man das Geheimnis des einzelnen stehen läßt, daß man nicht neugierig in alles eindringen will, wie das heute im Medienzeitalter modern ist. Der Umgang miteinander ist von Herzlichkeit geprägt, aber auch von einer vornehmen Distanz, die falsche Kumpanei oder verbürgerlichtes Miteinander ausschließt. Und er zeichnet sich aus durch Toleranz. In jedem wird Christus gesehen, auch in den Gästen, die keinen frommen Eindruck machen, die längst aus der Kirche ausgetreten sind und die skeptisch sind gegenüber jeder Religion. Auch sie haben in einem Benediktinerkloster Platz. Sie dürfen dort nach den Wurzeln ihres Geheimnisses suchen.

Die Führungskapitel der Benediktsregel waren im Mittelalter entscheidend für die Ausbildung von Führungskräften. Sie haben von ihrer Aktualität auch heute noch nichts eingebüßt. Da geht es einmal um die Art und Weise des Führens. Da wird dem Abt und dem Cellerar immer wieder eingeschärft, daß sie die Verantwortung für Menschen übernommen haben und daß sie vor Gott für diese Verantwortung Rechenschaft ablegen müssen. Aber sie müssen nicht nur für die andern, sondern auch für die eigene Seele vor Gott einstehen. Sie müssen also darauf achten, was die Führungsaufgabe mit ihnen selber macht. Vom Abt schreibt Benedikt: „Stets in Furcht vor der Untersuchung, die ihm als Hirt der ihm anvertrauten Schafe bevorsteht, wird die Verantwortung für andere ihm helfen, die Verantwortung für sich selber ernst zu nehmen." (RB 2,39) Damit der Abt gut führen kann, muß er sich seiner eigenen Motive und Emotionen bewußt sein. Er muß darauf achten, daß er nicht einfach Macht ausüben möchte, sondern daß er „Seelen leiten" soll, daß er die Menschen so führen soll, daß jeder seiner Begabung entsprechend eingesetzt wird und seinen Weg zu Gott findet.

Das Ziel des Führens darf nicht die Mehrung des Besitzes sein, sondern daß Gottes Absicht mit den Menschen sichtbar wird: „Die vielleicht zu geringen Einkünfte seien ihm kein Entschuldigungsgrund; er denke an das Schriftwort: Euch muß es zuerst um das Reich Gottes und um seine Gerechtigkeit gehen; dann wird euch alles andere dazugegeben. Und ferner: Wer ihn fürchtet, leidet keinen Mangel." (RB 2,35f) Reich Gottes heißt, daß Gott herrscht, daß Gottes Wille erfüllt wird. Und Gottes Wille ist immer das Heil des Menschen, daß der Mensch heil und gesund wird, daß er seinem Wesen entsprechend leben kann. Und Reich Gottes heißt, daß der Abt mit der Schöpfung so umgeht, wie es dem Schöpfer entspricht, daß er die Schöpfung nicht für sich ausbeutet, sondern sie so pflegt, wie sie Gott geschaffen hat. Das Ziel des Führers liegt also außerhalb seines Willens. Gottes Herrschaft und Gottes Herrlichkeit sollen durch die Art des Führers sichtbar werden. Heute weiß jede Firma, daß es nicht genügt, nur den Gewinn zu vermehren. Eine Firma, die etwas auf sich hält, braucht eine Vision, eine Unternehmensphilosophie. Je klarer und anziehender die Unternehmensphilosophie ist, desto engagiertere und kreativere Menschen wird eine Firma anlocken. Wesentlicher Bestandteil einer Unternehmensphilosophie ist heute eine gesunde Wirtschaftsethik, die die Verantwortung des Unternehmens für die Schöpfung berücksichtigt und die dem Menschen mit seinen Bedürfnissen gerecht wird.

Viele Menschen erzählen mir immer wieder, daß sie die meiste Energie nicht für ihre Arbeit verwenden können, sondern für die zwischenmenschlichen Reibereien, die in der Firma herrschen. Die kosten soviel Energie, daß nur noch wenig Kraft übrigbleibt, um effektiv arbeiten zu können. Natürlich braucht es zu einem gesunden Arbeitsklima auch eine gute Organisation. Die ist für Benedikt Ausdruck der Achtung vor dem Menschen. Chaos und Durcheinander, Willkür und Fahrigkeit sind für Benedikt immer Zeichen dafür, daß der Führende mit sich nicht im Einklang ist, daß er auf die eigene Seele nicht achtet und daß er keine Ehrfurcht vor dem Menschen hat. Daher verlangt Benedikt sowohl vom Abt als auch vom Cellerar einen hohen Reifegrad. Der Abt „sei nicht aufgeregt oder ängstlich, nicht maßlos oder engstirnig, nicht eifersüchtig oder argwöhnisch, weil er sonst nie zur Ruhe kommt." (RB 64,16) Eifersucht und Argwohn wird auch in einer Firma ein Klima von Intrigen und Klatschsucht erzeugen, da sieht man nicht mehr klar, sondern versinkt in einem Sumpf von Gerüchten und unklaren Informationen. Die Weite und innere Ruhe, die Benedikt vom Abt fordert, wird ein menschliches Klima in der Gemeinschaft erzeugen und ihr so ermöglichen, weiter zu gehen und effektiv zu arbeiten.

Gerade heute in einer Zeit, da die Arbeitslosigkeit immer mehr zum Problem wird, könnte die benediktinische Unternehmensphilosophie auch einen Beitrag leisten in der Diskussion, wie wir auf die Herausforderung unserer Zeit antworten sollen. Wir rationalisieren immer mehr Arbeitsplätze weg, weil die hohen Lohnkosten die Unternehmen ruinieren. Aber das ist ein Weg in die verkehrte Richtung. Es gibt immer weniger Arbeit für immer mehr Menschen. Und die Arbeit, für die man bereit ist, einen Lohn zu zahlen, wird immer komplizierter und fordernder. Wenn man nur den Gewinn im Auge hat und nicht den Menschen, dann muß man so handeln. Natürlich ist es für die einzelne Firma schwer, aus diesem Teufelskreis auszusteigen. Die gesamte Wirtschaftspolitik müßte umdenken. Sie darf nicht nur auf die Konkurrenz des Auslands blicken, sondern sie muß den Menschen wieder in den Blick nehmen. Sobald es vor allem um den Menschen und sein „Heil" geht, wird man auch Wege finden, wie sich die Menschen die vorhandene Arbeit sinnvoll aufteilen können. Denn Arbeit gibt es genug. Aber Arbeit heißt eben nicht in erster Linie immer mehr produzieren, sondern die Schöpfung und das menschliche Leben so zu gestalten, daß das „Reich Gottes" sichtbar wird, daß es dem Willen Gottes und dem Heil des Menschen entspricht.

Die benediktinische Arbeitsphilosophie hat in der Antike revolutionär gewirkt. Die Römer überließen die Arbeit den Sklaven. Der Freie verbrachte seine Zeit mit Spielen oder mit Kriegführen. Benedikt hat das Arbeitsethos des Mittelalters entscheidend mitgeprägt. Und er hat eine andere Weise des Wirtschaftens mitbegründet. Natürlich hatte Benedikt mehr die landwirtschaftliche und handwerkliche Produktion im Auge. Insofern kann sein Modell nicht einfach für unsere Zeit übernommen werden. Aber die Auseinandersetzung mit seiner Unternehmensphilosophie könnte auch heute dazu anregen, aus der Engführung der Diskussion, der es nur ums Überleben geht, herauszukommen und wieder den Menschen in den Mittelpunkt der Überlegungen zu rücken. Wenn der Mensch Lust hat an seiner Arbeit, dann wird er auch am effektivsten und kreativsten arbeiten. Für mich ist das die wichtigste Aufgabe des Führens, ein Arbeitsklima zu schaffen, in dem Menschen sich ernst genommen fühlen. Das heißt nicht, daß man alles laufen läßt. Wenn man die Konflikte nicht anspricht, sondern ständig unter den Teppich kehrt, fühlen sich die Menschen nicht geachtet. Da entsteht dann eher ein Klima der Unklarheit. Keiner darf dem andern zu nahe treten. Alles bleibt beim Alten. Tabus dürfen nicht berührt werden. Das ist Verweigerung von Führung, aber nicht eine Führung, wie Benedikt sie fordert. Die Regel ermahnt den Abt immer wieder, Fehler nicht einreißen zu lassen, sondern sie schon zu Beginn mit der Wurzel auszurotten. (RB 2,26) Der Abt soll sich den Konflikten stellen und sie offen ansprechen. Nur so entsteht ein Klima, in dem sich die Menschen letztlich auch wohl fühlen und Lust am Arbeiten haben.

Wie wichtig Benedikt die Aufgabe des Führens nimmt, zeigt er in der Mahnung an den Abt: „Auch wisse der Abt, daß die Verantwortung auf den Hirten fällt, wenn der Hausvater bei seinen Schafen einen Mißertrag feststellt." (RB 2,7) Bei vielen Managern hört man heute ein ständiges Jammern, daß man nichts machen könne, daß die Leute sich nicht führen lassen, daß sie machen, was sie wollen, daß sie nicht motiviert sind usw. Für Benedikt gilt solches Jammern nicht. Es liegt immer an der Führung, was für ein Klima in der Firma herrscht. Das scheint auf den ersten Blick eine Überforderung an die Führenden zu sein. Aber die Unklarheit in der Führung wirkt sich sofort auf das Miteinander aus. Klarheit, Entschiedenheit, die Probleme anzupacken, die Ehrfurcht vor dem einzelnen, die Achtung der Würde jedes Mitarbeiters, all das wirkt sich auf das Arbeitsklima aus. Wenn der Führende selbst nicht klar ist und seine unaufgearbeiteten Probleme unkontrolliert in die Gespräche einfließen läßt, dann wirkt sich das destruktiv auf alle aus. Umgekehrt wird sich die innere Lauterkeit des Führenden auch auf seine Mitarbeiter übertragen.

Führen heißt für Benedikt dienen, dem Leben dienen, Lebendigkeit und Lust am Leben aus den Menschen hervorlocken. Damit entspricht er der Forderung Jesu, der seinen Jüngern die Mahnung mitgibt: „Die Könige herrschen über ihre Völker, und die Mächtigen lassen sich Wohltäter nennen. Bei euch aber soll es nicht so sein, sondern der

Größte unter euch soll werden wie der Kleinste, und der Führende soll werden wie der Dienende." (Lk 22,25f) Es wäre ein Mißbrauch des Führens, wenn ich über andere herrsche, wenn ich sie klein mache, um meine eigene Größe herauszustellen, wenn es mir nur um mein eigenes Prestige geht. Führen heißt, dem Leben dienen. Im Griechischen steht hier das Wort „diakonein". Es bezieht sich auf den Dienst bei Tisch. Dienen heißt, dem Menschen Nahrung geben, ihm ermöglichen, daß er in Freude Mahl halten kann. Dienen hat etwas mit Leben und Lebensfreude zu tun. Die Kunst des Führens besteht darin, daß ich im Menschen die Lebendigkeit und Lebensfreude hervorlocke, die Gott ihm gegeben hat. Wenn es mir gelingt, dem Leben des einzelnen zu dienen, dann wird das auf Dauer auch am meisten Ertrag für das Leben aller bringen.

5. Das rechte Maß

Die benediktinische Schöpfungsspiritualität zeigt sich vor allem im rechten Maß, das alle Anweisungen der Regel bestimmt. Wenn der Mensch das ihm von Gott zugemessene Maß befolgt, dann lebt er im Einklang mit sich und mit der Schöpfung. Benedikt nimmt das Maß an der Schöpfung Gottes. Das, was Gott in die Schöpfung und in den einzelnen Menschen hineingelegt hat, das gilt es zu entdecken und dann maßgerecht zu leben. Benedikt selbst regelt maßvoll die Lebensweise der Mönche. Das rechte Maß zeigt sich etwa in seiner Anordnung über das Essen und Trinken und über die Arbeit im Kloster. Benedikt ist sich nicht zu gut, ein eigenes Kapitel „Vom Maß der Speisen - De mensura cibus" zu schreiben. Dort sorgt er dafür, daß die Brüder genügend zu essen haben. Es sollen sogar zwei gekochte Speisen ausgegeben werden „entsprechend den verschiedenen Bedürfnissen" (RB 39,1). Aber es ist ihm ein großes Anliegen, daß die Mönche nicht unmäßig werden: „Die Unmäßigkeit ist vor allem zu vermeiden; bei einem Mönch komme es nie zur Übersättigung, denn nichts verträgt sich weniger mit einem Christen als die Unmäßigkeit. Der Herr sagt ja: Nehmt euch in acht, daß nicht die Unmäßigkeit euer Herz belaste. (Lk 21,34)" (RB 39,7-9)
Es geht Benedikt hier sicher nicht nur um Askese und Moral, sondern um ein gottgemäßes Leben, das zugleich auch gesundes Leben ist. Wer unmäßig ist, wer gegen sein Maß lebt, der wird auch die Umwelt ausbeuten. Übersättigung führt zur Flucht vor sich selbst. Viele essen zuviel, weil sie ihre innere Leere zustopfen wollen, weil sie vor der Enttäuschung ihres Lebens davonlaufen, weil sie sich selbst nicht aushalten können. Sie ver-

schließen sich mit ihrem vielen Essen und Trinken nicht nur gegenüber Gott, sondern auch gegenüber den Mitmenschen, gegenüber der Schöpfung und gegenüber der eigenen Realität. Sie möchten nicht sehen, was ist. Sie möchten alles nur für sich benutzen. So geht ihnen jede Sensibilität für die Menschen und Dinge ab. Psychologen meinen, im Essen drücke sich unsere Beziehung zur Welt überhaupt aus. Wer beim Essen zuviel in sich hineinschlingt, der wird auch Bücher verschlingen, der wird Menschen für sich benutzen, der wird die Schöpfung ausbeuten. Das Verhalten beim Essen offenbart unser Verhältnis zum Kosmos als ganzem.

Benedikt weiß, daß Essen und Trinken in einer Gemeinschaft ein sensibles Thema ist. Denn es gibt immer wieder Brüder, die Angst haben, zu kurz zu kommen. Er weiß, wie empfindlich die Brüder reagieren können, wenn im Speiseplan etwas geändert oder begrenzt wird. Daher schreibt er ganz vorsichtig vom Maß des Getränkes: „Jeder hat seine Gnadengabe von Gott, der eine so, der andere so. Nur mit einer gewissen Ängstlichkeit bestimmen wir darum das Maß der Nahrung für andere. Die Unzulänglichkeit der Schwachen berücksichtigend glauben wir aber, daß für jeden im Tag eine Hemina Wein genügt. Wem aber Gott die Kraft gibt, sich zu enthalten, der wisse, daß er einen besonderen Lohn erhalten wird." (RB 40,2-4) Darin zeigt sich die Weisheit Benedikts. Er möchte nicht, daß jemand traurig und überfordert wird. In Italien war damals der Weingenuß üblich. Ein Verbot, Wein zu trinken, wie es bei den Mönchen in Ägypten üblich war, würde daher seine Brüder überfordern. Benedikt weiß, daß die Freude über die guten Gaben der Schöpfung zum christlichen Leben gehört. Aber er weiß auch um die Gefahren des Alkohols. Daher fordert er, „daß wir nicht bis zur Sättigung trinken, sondern uns zurückhalten; denn: Der Wein bringt selbst die Weisen zum Abfall." (RB 40,6f) Auch der Mönch ist nicht vor der Sucht gefeit. Sie kann ihn genauso in Griff nehmen wie die vielen in unserer Gesellschaft, die unter Alkoholismus oder einer andern Sucht leiden.

Benedikt sieht in Übereinstimmung mit der monastischen Tradition vor, daß die Mönche kein Fleisch von vierfüßigen Tieren essen sollen. Nur sehr schwachen Kranken könne man etwas Fleisch geben. Heute haben die meisten Benediktiner-klöster diese vegetarische Tradition aufgegeben. Von außen werden wir angefragt, wie wir es mit der gesunden Ernährung halten, warum denn wohl die Mönche auf Fleisch verzichtet hätten. Das hätte doch sicher einen Sinn gehabt. Es sei für das geistliche Leben von Vorteil, wenn man nicht zuviel tierisches Eiweiß zu sich nehme. In unse-rem Konvent ist heute durchaus ein Umdenken im Gang, wie weit wir uns gesund ernähren, wo wir zuviel Fleisch essen usw. Aber natürlich kann man die Eßgewohnheiten eines Konventes nicht von heute auf morgen ändern. Das würde nicht im Sinne des hl. Benedikt sein. Es gibt heute auf dem Gebiet der gesunden Ernährung ja auch die ver-schiedensten Theorien und es gibt auch viele ideo-logische Verhärtungen. Benedikt war ein Prag-matiker. So sollten wir uns heute wieder neu fragen, wie wir zugleich die Freiheit des hl. Bene-dikt leben und seinen Weisungen hinsichtlich Essen und Trinken gerecht werden können.

Entscheidend ist für Benedikt, daß keiner murrt. Während er den Bedürfnissen der Mönche gegen-über großzügig ist, geht er hart gegen das Murren vor. Der Mönch soll beides können: Gottes gute Gaben genießen und genauso in Dankbarkeit auch verzichten, wenn es eben nicht alles gibt, was

er gerne möchte: „Bringen es aber die Ortsverhältnisse mit sich, daß sich nicht einmal das
oben angegebene Maß, sondern viel weniger oder
gar nichts beschaffen läßt, dann sollen die dort
wohnen, Gott danken und nicht murren. Vor
allem mahnen wir: Man unterlasse das Murren!"
(RB 40,8f) In vielen Internaten und großen Insti-
tutionen wie der Bundeswehr ist es üblich, über
das Essen zu schimpfen. Das zeigt, daß man zu
sehr darauf fixiert ist, was man zu essen bekommt,
daß man die innere Unzufriedenheit mit sich und
seinem Leben auf das Essen projiziert. Das Murren bezüglich des Essens ist immer Zeichen von
Unreife. Da drückt sich die Angst aus, zu kurz zu
kommen. Es ist offensichtlich eine Urangst im
Menschen, die je nach den Kindheitserfahrungen
den Menschen ein ganzes Leben lang beherrschen
kann. Im Murren weicht man seiner eigenen Realität aus. Anstatt sich in seiner Wahrheit auszu-
halten, projiziert man alle seine Probleme auf die
Umwelt, auf die Obern, auf die Gemeinschaft, auf
die Ortsverhältnisse. So verhindert man das eigene Reifen und bleibt im nörgelnden Protest stek-
ken.
Um das rechte Maß geht es Benedikt auch, wenn
er von den Bedürfnissen der Mönche schreibt.
Der richtige Umgang mit den Bedürfnissen der
einzelnen ist für ihn ein wichtiger Weg zum Frieden. „Es steht geschrieben: Jedem wurde zuge-
teilt, was er nötig hatte." (RB 34,1) Das ist für ihn
der Grundsatz im Umgang mit den Bedürfnissen.
Jeder soll erhalten, was er braucht. Es soll keine
Norm geben, was jeder bekommt, sondern der
einzelne darf äußern, was er braucht. Und der Abt
soll dann auf die Schwächen der einzelnen Rücksicht nehmen. Aber die Mönche sollen sich nicht
vergleichen, wieviel die einzelnen brauchen. Sonst
entstehen Neid und Eifersucht. Vielmehr schlägt

Benedikt die weise Regelung vor: „Wer darum wenig braucht, danke Gott und sei nicht traurig; wer aber mehr braucht, demütige sich wegen seiner Armseligkeit und überhebe sich nicht wegen einer Vergünstigung." (RB 34,3f) Dankbar genießen und dankbar verzichten können, darin besteht die Schöpfungsspiritualität. Es geht nicht um Höchstleistungen im Verzichten, nicht um eine möglichst harte Askese. Gott schenkt uns vielmehr seine Gaben reichlich. Aber die Schöpfung kennt auch Zeiten der Kargheit und der Sparsamkeit. Das gilt es genauso dankbar anzunehmen. Die Askese ist nicht künstlich, sondern sie entspricht den Bedingungen, die die Natur uns bereithält.

Das Einverstandensein mit den Bedingungen der Schöpfung schafft auch zwischen den Mönchen Frieden. „So werden alle Glieder im Frieden sein." (RB 34,5) Das ist für Benedikt das Ziel der Mönchsgemeinschaft, miteinander in Frieden zu leben, im Einklang mit der Schöpfung und daher auch im Einklang miteinander. Auch im Kapitel über den rechten Umgang mit unsern Bedürfnissen kommt Benedikt noch einmal auf das Murren zu sprechen. „Vor allem zeige sich nie das Übel des Murrens, aus keinem Grund, in keinem Wort und keiner Andeutung." (RB 34,6) Im Murren lehnt sich der Mönch gegen die Schöpfung und den Schöpfer auf. Er weiß es besser als Gott, wie die Welt zu sein hätte. Er kann sich nicht zufrieden geben mit dem, was ist. Und er verbreitet mit seinem Murren eine Atmosphäre des Unfriedens und der Zerstörung. Wer gegen alles murrt, was man ihm vorsetzt, der kann auch nicht genießen. Er hat kein Maß. Er lebt nicht im Einklang mit sich und der Schöpfung, sondern im Widerstreit. Und diese innere Spaltung wird sich um ihn herum wie eine Seuche ausbreiten, die nicht nur die

Menschen, sondern auch die Schöpfung heim-
sucht.

Das rechte Maß fordert Benedikt vor allem vom
Abt. „Er denke an die Unterscheidungsgabe des
heiligen Jakob, der sprach: Wenn ich meine Her-
den unterwegs überanstrenge, gehen alle an einem einzigen Tag zugrunde. Dieses und andere
Zeugnisse für die Unterscheidungsgabe - die
Mutter der Tugenden! - nehme er sich vor; so
ordne er alles mit Maß, damit die Starken finden,
was sie suchen, und die Schwachen nicht weglaufen." (RB 64,18f) Die Discretio ist das Gespür für
das rechte Maß, das dem Menschen gut tut, das
ihm angemessen ist. Überforderung macht die
Menschen traurig und mutlos. Unterforderung
zieht den Menschen genauso nach unten. Das
rechte Maß hält den Menschen in einer gesunden
Spannung. Und nur in dieser gesunden Spannung
blühen Lebendigkeit und Freude. Das Maß ist
kein starres Maß, nach dem alle gemessen werden.
Vielmehr braucht es die Gabe der Unterscheidung der Geister, um für den einzelnen sein ent-
sprechendes Maß zu finden. Dieses Maß gilt für
die Arbeit, aber auch für das geistliche Leben.
Auch da kann man übertreiben. Die frühen Mönche sagten, alles Übermaß sei von den Dämonen.
Und ein Sprichwort lautet: Die Extreme berühren sich. Das Maß, das Benedikt im Auge hat,
entspricht der Natur des Menschen. Er liest es an
der Schöpfung ab und stülpt es ihr nicht über.

Die Lehre vom rechten Maß, von der mensura,
zeigt einen wesentlichen Aspekt der Schöpfungsspiritualität. Es geht Benedikt nicht in erster Linie
um Schuld und Vergebung, um Sünde und Erlösung, sondern um das rechte Maß, das dem Menschen das zumißt, was ihm entspricht und was
ihm gut tut. Mensura kommt von messen. Richtig
messen heißt, dem gerecht werden, was ist, die

Dinge nicht verfälschen. Für den Menschen hat das richtige Maß die Aufgabe, ihn in Ordnung zu bringen, ihn so zu ordnen, wie es der Ordnung der Schöpfung Gottes entspricht. Die Tugend des Maßes galt im Mittelalter als ritterliche Tugend. „Sie fordert hohe Disziplin, welche die zuhandenen seelischen Kräfte bündelt, anstatt sie abzutöten und versanden zu lassen." (Demmer 843) Drei Worte gehören in der Regel zusammen: Maß, Disziplin und Ordo. 22 mal spricht Benedikt von Disziplin. Disziplina kann in der Antike einfach nur die Erziehung bedeuten, dann aber auch die Weltordnung und die Zucht, die Lebensweise. Disciplina kann auch die gute Ordnung in einem Kloster beschreiben. So verlangt Benedikt, daß die Kinder von allen und in allem „zur Ordnung (disciplinam) angehalten werden" (RB 63,9) Disziplin ist nicht Härte gegen sich selbst, sondern die Bereitschaft, zu lernen und der Ordnung des Lebens zu entsprechen. Nur wer der Ordnung der Schöpfung gemäß lebt, lebt auf Dauer gesund. So ist Diziplin letztlich die Kunst des gesunden Lebens.

Die Worte ordo und ordinare kommen in der Regel Benedikts genau 40 mal vor. Benedikt geht es darum, das Leben der Mönche so zu ordnen, wie es ihrem Wesen entspricht. Ihm kommt es darauf an, alles so zu ordnen, wie er es aus der Schöpfungsordnung herauslesen kann. Hildegard von Bingen hat diesen benediktinischen Ordo-Gedanken in ihrer Gesundheitslehre entfaltet. Gesund lebt der Mensch, wenn er der Ordnung gemäß lebt. Daher ist es so wichtig, sein Leben klug zu ordnen, eine gesunde Lebenskultur aufzubauen, die dem Menschen gut tut und seine Fähigkeiten und Kräfte zur Blüte bringt. Wenn der Mensch sich nach der Ordnung Gottes verhalten würde, dann käme das nach Hildegard auch der Schöpfung zugute. Sie vergleicht die Auswirkung des Menschen auf die Schöpfung mit dem Bild des Netzes, das der Mensch in seiner Hand hält. „So hält auch der Mensch das Welt-Netz in seiner Hand und bewegt die Elemente so, daß sie je nach seinem Tun ihre Ausstrahlungen senden." (Schipperges 75) Von einem Menschen, der in der Ordnung steht, geht eine positive Ausstrahlung auf die Schöpfung aus, während von innerlich chaotischen Menschen auch eine destruktive Wirkung auf den Kosmos ausströmt.

Die Sünde bringt die Schöpfungsordnung durcheinander. Das Wort peccatum bringt Benedikt vor allem im Abtskapitel, im Kapitel von der Schweigsamkeit und von der Demut. Peccatum meint, etwas verkehrt machen, etwas durcheinander bringen. Deshalb soll der Abt alles so ordnen, wie es der Ordnung Gottes entspricht. Und das geistliche Leben besteht darin, sich davor zu hüten, alles durcheinander zu bringen, die Ordnung in ihr Gegenteil zu verkehren. Denn das tut dem Menschen nicht gut. Bei Benedikt ist nichts zu spüren von der negativen Einschätzung des Menschen, wie sie etwa für Martin Luther typisch ist. Luther rang mit dem mittelalterlichen Menschen um die Frage, wie er einen gnädigen Gott kriegen könne. Das ist nicht die Frage Benedikts. Bei Benedikt geht es vielmehr darum, wie er in der damaligen Zeit der Auflösung und Unordnung, da alle Maßstäbe zerbrochen waren und nichts mehr galt, an das man sich halten konnte, das Leben so ordnen kann, wie es der Schöpfung Gottes und wie es dem Menschen entspricht. Geistliches Leben heißt, das Leben wieder in Ordnung zu bringen. Es ist ganz normal, daß wir immer wieder aus der Schöpfungsordnung herausfallen. Deshalb hat Gott uns die Fastenzeit geschenkt als Zeit, in der wir wieder innerlich wie äußerlich in Ordnung kommen sollen. Benedikt spricht davon, daß wir die „in diesen heiligen Tagen die Nachlässigkeiten (neglegentias) anderer Zeiten tilgen" (RB 49,3) sollen. Neglegentia meint eigentlich: ich lese oder sammle nicht mit. Ich mache nicht mit in der Ordnung, die mir zugedacht ist. Ich bin unachtsam, lebe einfach willkürlich dahin, sorglos, nachlässig. Wenn man die Sprache Benedikts genau anschaut, so spürt man immer wieder seine Schöpfungsspiritualität heraus. Es geht ihm nicht um Erlösung und Sühne, sondern um das richtige Leben, um das rechte Maß und um die Ordnung, die dem Menschen entspricht und ihm gut tut.

Die innere Haltung, die dem Leben in der rechten Ordnung entspricht, ist die des Gehorsams. Der Mensch muß auf Gott hören, auf seine Schöpfungsordnung, auf das eigene Wesen, das Gott in ihm zur Entfaltung bringen möchte. So beginnt der Prolog mit den bekannten Worten: „Höre, mein Sohn, auf die Lehren des Meisters, und neige das Ohr deines Herzens. Nimm die Mahnung des gütigen Vaters willig an, und erfülle sie in der Tat. So wirst du durch mühevollen Gehorsam zu dem heimkehren, von dem du dich in trägem Ungehorsam entfernt hast." (RB Prol 1f) Sünde ist für Benedikt nicht Beleidigung Gottes, sondern Ungehorsam und Sichentfernen von Gott und seiner Ordnung. Gehorsam bedeutet dagegen, hören auf das, was Gott sagt, um so wieder in Einklang zu kommen mit der Ordnung, die Gott allem Sein eingeprägt hat, zurückkehren zu Gott, zurückkehren zur Wirklichkeit, heimkehren in das Bild, das Gott sich von jedem von uns gemacht hat.

6. Leben im Rhythmus der Schöpfung

Das rechte Maß hat Benedikt auch im Auge, wenn er den Tagesablauf der Mönche ordnet und vorschreibt. Benedikt übernimmt dabei die Tradition des Mönchtums, daß die Mönche noch vor Sonnenaufgang aufstehen, um in der nächtlichen Vigil vor Gott zu wachen und zu beten. Aber Benedikt ordnet sowohl die Gebetszeiten als auch die Zeiten für die Arbeit maßvoll und vor allem so, daß sie dem natürlichen Rhythmus des Menschen entsprechen. Das Wort Rhythmus hat eine ähnliche Bedeutung wie mensura: die gleiche Abmessung, das Ebenmaß, die richtige Proportion. Es kommt von rythmizo = in ein Zeit- und Ebenmaß bringen, gehörig ordnen. Der Zeitrhythmus, der das Leben der Mönche ordnet, ist eine Ordnung der Natur. Die Mönche leben ihren Tag im Einklang mit der Natur und ihrem Rhythmus. Dr. Vescovi, ein Kurarzt, hat in einem Vortrag herausgearbeitet, daß der benediktinische Tageslauf dem Biorhythmus des Menschen entspreche.

Benedikt ordnet den Tag nach den römischen Horen. Hora ist die Stunde. Bei den Griechen sind die Horen Göttinnen, die das Jahr begleiten und ihm „Blüte, Wachstum und Frucht schenken" (Löhr 20). Hesiod nennt drei Horen und versteht sie als Töchter des Zeus: „Eunomia, Dike und Eirene - Regelmaß, Recht und Friede, oder: Wohlverteilung, Gleichheit und Einigkeit" (Ebd 20f). Die Horen verbürgen die regelmäßige Wiederkehr von Blütezeit und Reifezeit und sie sorgen beim Menschen für Regel und Gleichmaß, für Ordnung und Frieden. Für die Griechen bedeutet das Wort „horaios = was den Horen entspricht" zugleich „schön". Was zur rechten Zeit geschieht, ist schön und gut. „Alles Unmäßige, Übertriebene, Chaotische und Ungeheuerliche ist aoros, entspricht nicht den Horen, ist häßlich und widerwärtig." (Ebd 23) Die Hymnen der einzelnen Horen preisen Gott immer wieder dafür, daß er „dem Tag die Zeiten setzt" und dadurch „dem öden Einerlei wehrt". Der Schöpfer aller Dinge ordnet die Zeit, damit sie Vorgeschmack der Ewigkeit werde. Man spürt diesen hymnischen Ausdrücken ihre Verwandtschaft zur griechischen Mythologie an, die die Horen zu den Göttinnen des Wachsens und Reifens zählt. Demeter, die eigentliche Fruchtbarkeitsgöttin ist für die Griechen zugleich die „Bringerin der Horen". So ist eine Spiritualität, die die einzelnen Horen in ihrer je eigenen Qualität berücksichtigt, eine typische Schöpfungsspiritualität. Die frühen Christen verbinden die griechische Fruchtbarkeitsspiritualität mit dem „Jahr des Heiles", wie Lukas es im Leben Jesu beschreibt. Daher hat jede Stunde eine eigene Beziehung zum Heilswerk Jesu Christi. Die Vigilien, die Nachtwachen erinnern sie an den Hahn, der uns weckt, ein Bild für Christus, der uns vom Schlafe auferweckt. Die beginnende Morgenröte ist Zeichen für die Auferstehung Jesu. Da singen die Mönche die Laudes, das Lob des Auferstandenen. Die Terz ist die Stunde, da der Hl. Geist über die Jünger kommt. Die Sext erinnert an die Aufrichtung des Kreuzes, die Non an den Tod Jesu am Kreuz. Die zwölfte Stunde ist die Stunde des Abendlobes, der Vesper. Dort wird Christus gepriesen, der in unseren Herzen ein ewiges Licht anzündet, das auch in der Finsternis der Nacht noch in unseren Herzen leuchtet. Die Komplet als letzte Gebetszeit vollendet den Tag und übergibt ihn in Gottes Hände.

Jede Gebetszeit entspricht in ihren Hymnen und Psalmen der je verschiedenen Qualität der jeweiligen Hore. Aber Benedikt ordnet auch den ganzen Tag im Wechsel zwischen Gebet und Arbeit, zwischen Meditation und Rekreation (Erholung) so, daß es dem inneren Rhythmus des Menschen entspricht. Da werden die frühen Morgenstunden für das Gebet und die Meditation genommen. Das sind seit jeher die für die Meditation geeignetsten Stunden. Da alles noch still ist, da der Tag noch frisch ist, kann der Mensch am ungestörtesten eintauchen in die Gegenwart Gottes. Die Meditation ist wie eine Quelle, aus der der Mönch trinken kann, um mit seiner inneren Quelle in Berührung zu kommen, die nie versiegt, weil es eine göttliche Quelle ist. Da erfährt der Mönch Gott als den ewig Jungen, der unverbraucht und unvergänglich in uns und um uns herum alles immer wieder erneuert.

Dann folgen die Stunden der Arbeit. Am Vormittag ist dafür die geeignetste Zeit. Immer wieder wird die Arbeit von kurzen Gebetszeiten unterbrochen. Aber die Gebetszeiten nehmen auch auf den Arbeitsrhythmus Rücksicht. Wer auf dem Feld arbeitet, der muß nicht in das Kloster zurückkehren, um dort zu beten, sondern er soll es auf freiem Feld tun. Benedikt berücksichtigt in seiner Tagesordnung die je eigenen Verhältnisse im Sommer und Winter. Im Sommer wird länger gearbeitet, im Winter ist dagegen mehr Zeit für Lesung und Meditation. Das entspricht auch der inneren Stimmung des Menschen, der im Sommer extravertierter und im Winter introvertierter ist. Der Mönch wird nicht zum Knecht einer Ordnung, die ihm übergestülpt wird, vielmehr wird er eingebetet in den Rhythmus des Tages. So kann er ein Gespür entwickeln für die Eigenart jeder Stunde. In der Frühe bekommt er ein Gespür für das Unverbrauchte und Frische des Tages. In der Mittagshitze reflektiert der Hymnus der Mittagshore, daß sich da auch im Miteinander oft hitzige

Gefechte einschleichen. Der Nachmittag hat eine eigene Qualität. Da spürt der Mensch seine Müdigkeit. Der beginnende Abend eignet sich wieder zum Gotteslob. Da kann der Mönch dankbar auf sein Tagewerk zurückschauen und Gott den Schöpfer preisen für die Wundertaten seiner Schöpfung. Und zu Beginn der Nacht betet der Mönch, daß Gott ihn im Schlafe behüten möge, daß er seine heiligen Engel senden möge, daß sie im Traum zu ihm sprechen. Die Tagesordnung des hl. Benedikt will den Mönch dazu führen, daß er sich einläßt in den Rhythmus des Kosmos, der Natur mit ihren verschiedenen Jahreszeiten und des Tages mit der jeder Stunde eigenen Qualität und Stimmung.

Es gibt nicht nur die mechanischen Uhren, sondern auch Uhren, die in uns sind und unserem Organismus eine Zeitstruktur geben. Die heutige Medizin nennt sie biologische Uhren. „Sie bestimmen die in Rhythmen und Zeitphasen ablaufenden Lebensvorgänge des Körpers und der Seele in der Einheit unseres Leibes." (Vescovi 5) Diese inneren Uhren sind vom Rhythmus des Kosmos abhängig. Menschlicher Lebensrhythmus und kosmischer Rhythmus sind bei Benedikt noch im Einklang miteinander. Unsere körperliche und seelische Gesundheit hängt davon ab, daß wir im Einklang mit dem biologischen und kosmischen Rhythmus leben. Nach Ludwig Klages ist der Rhythmus „die Urerscheinung des Lebens" (Vescovi 8). Und Nietzsche weiß: „Nicht nur der Schritt der Füße, auch die Seele selber geht dem Takte nach." (zit. bei Schneider 974) Benedikt hat das gewußt. Er hat das ganze Leben der Mönche rhythmisiert und zwar nach dem Rhythmus, der dem Kosmos innewohnt. Vescovi meint, Benedikt habe eine „rhythmisierte Tagesordnung geschaffen, die einer genialen intuitiven Antizipation heutiger wissenschaftlich erarbeiteter Erkenntnisse in wesentlichen Grundzügen entspricht" (Vescovi 29). Untersuchungen in den USA haben ergeben, daß Menschen, die in einer geschlossenen Religionsgemeinschaft nach einem ganz bestimmten Rhythmus leben, gesünder und länger leben als arhythmisch Lebende. „Wo Glaube und Gebet den Rhythmus des Lebens, d.h. den Rhythmus des Tages, der Woche und des Jahres prägen, ... da findet der Mensch zu seiner Identität und Integrität und zu sozialer Harmonie, zu seinem Heil." (Ebd 34)

Die Schöpfungsspiritualität des hl. Benedikt zeigt sich ferner in der Ritualisierung des Lebens. Alles hat seine Form, das Gebet, die Mahlzeiten, die Arbeit, die Rekreation. Der Wochendienst der Küche z. B. wird mit einem ganz bestimmten Ritual begonnen und beschlossen. „Wer den Wochendienst beendet, und wer ihn antritt, wäscht allen die Füße. Die Geräte seines Dienstes gibt er dem Cellerar zurück und zwar in sauberem und gutem Zustand. Ebenso übergibt sie der Cellerar dem, der den Dienst antritt." (RB 35,9-11) Die Riten betreffen einmal den sorgsamen Umgang mit den Dingen, dann aber auch die Beziehung zu den Mitmenschen. Die Fußwaschung war in der frühen Kirche oft als Sakrament angesehen worden, weil sie von Christus selbst vorgemacht worden war. In der Fußwaschung wird deutlich, worum es bei jedem Dienst geht, daß wir uns zu den Wunden der Menschen hinabbeugen und sie reinigen, damit sie heilen können. Jeder Dienst will den Menschen aufrichten und heilen. Die spirituelle Bedeutung des Dienstes wird auch sichtbar, wenn Benedikt den Tischdiener am Ende seines wöchentlichen Dienstes sprechen läßt: „Gepriesen bist du, Herr, unser Gott, du hast mir geholfen und mich getröstet. Hat er den Vers dreimal gesprochen, erhält er den Segen zum Abschluß des Dienstes. Wer den Dienst antritt, spricht anschließend: O Gott, komm mir zu Hilfe, Herr, eile, mir zu helfen." (RB 35,16f) Es geht im Dienst darum, Menschen zu trösten, indem man ihnen beisteht. Und der Dienst wird mit den gleichen Worten begonnen, mit denen die Mönche jede Gebetszeit anfangen. Die Arbeit hat genauso Gebetscharakter. In ihr geht es darum, daß wir füreinander zum Segen werden, indem wir einander dienen. Die Riten zu Beginn und zum Abschluß der Wochendienste zeigen das innerste Geheimnis der Schöpfungsspiritualität auf, daß wir Menschen füreinander Quelle des Segens sein dürfen. Vom Segen spricht Benedikt sehr häufig. Benedicere meint, gut reden, Gutes sagen, segnen, mit der Fülle des göttlichen Segens einander beschenken.

Der heutige Mensch hat wieder ein neues Verständnis für heilende Rituale entdeckt. Ich erlebe immer wieder gerade Frauen, die mit der Erlösungsspiritualität nichts mehr anfangen können, die sich schwer tun, die alte Kreuzestheologie nachzuvollziehen, die vor allem die Sühne für unsere Sünden betont. Solche Frauen finden in der Schöpfungsspiritualität einen neuen Zugang zum Christentum. Sie spüren, daß die christlichen Feste ja einen kosmischen Hintergrund haben. Karfreitag und Ostern sind dann für sie nicht in erster Linie die Feier des unsere Schuld sühnenden Todes Christi am Kreuz und seiner Auferweckung durch Gott, sondern die Feier von Tod und Auferstehung, wie sie auch in der Natur sichtbar werden. Das Kreuz ist für sie ein Symbol für das Sterben, das sie in ihrem Leben und in der Natur immer wieder erfahren. Und die Auferstehung wird zum Bild für die aufblühende Natur und Zeichen der Hoffnung, daß auch mitten in

ihrer Leere und in ihrer Starre neues Leben auf-
keimt, daß Gott in ihnen einen neuen Anfang
setzt, die Fesseln zerreißt, die sie vom Leben
abhalten. Es geht nicht darum, das Erlösungs-
werk Jesu Christi durch solche schöpfungs-
theologischen Bilder zu vernachlässigen, sondern
in ihm auch die kosmische Dimension zu entdek-
ken. Das wäre heute für viele Menschen ein neuer
Zugang, um auch das Geheimnis der Erlösung zu
verstehen, wie sie in Jesus Christus geschehen ist.
Es ist ja nicht nur die Erlösung des sündigen
Menschen, sondern genauso die Erlösung der
Schöpfung, die „bis zum heutigen Tag seufzt und
in Geburtswehen liegt", die sehnsüchtig „auf das
Offenbarwerden der Söhne Gottes" wartet (Röm
8,19 und 22).

7. Achtsamkeit und Aufmerksamkeit

Das geistliche Leben, das der Schöpfungsspiritualität entspricht, besteht vor allem in der Achtsamkeit, im aufmerksamen Umgang mit der Schöpfung, mit den Dingen, mit den Menschen, im aufmerksamen Horchen auf Gott in allen Dingen. Wer achtsam lebt, der lebt in Beziehung mit sich selbst, mit der Schöpfung, mit Gott und mit den Menschen. Die eigentliche Krankheit unserer Zeit ist die Beziehungslosigkeit. Weil die Menschen die Beziehung zu sich und zur Schöpfung verloren haben, schlittern sie von einer Beziehung zur andern, nur um sich überhaupt spüren zu können. Wenn ich aber die Beziehung zu einem Menschen brauche, um mit mir in Beziehung zu kommen, dann benutze ich einen Menschen, dann beute ich ihn aus und überfordere ihn mit meiner Beziehungslosigkeit. Weil viele nicht mehr in Beziehung zu den Dingen sind, gehen sie brutal mit ihnen um. Sie benutzen sie nur für die eigenen Zwecke, die beuten sie auch, sie zerstören sie. Diese Beziehungslosigkeit beobachten wir heute bei vielen jungen Menschen. Die Lehrer in den Schulen können ein Lied davon singen, wie die Schüler mit der Einrichtung achtlos umgehen. Das ist nicht Bosheit, sondern Ausdruck ihrer Beziehungslosigkeit.

Die Beziehungslosigkeit führt noch zu einem anderen heute weit verbreiteten Phänomen, zur Ruhelosigkeit. Weil man nicht in Beziehung ist mit sich selbst, weil man nicht im Augenblick lebt, braucht man immer größere Anreize, um sich überhaupt noch zu spüren. Man muß dann möglichst weit weg in den Urlaub fahren, möglichst riskante Sportarten treiben, um überhaupt Leben zu erfahren. Wer mit sich in Beziehung ist, der spürt bei einem einfachen Waldspaziergang intensiv das Leben. Er ist in Beziehung zur Natur, er riecht den eigenartigen Duft des Holzes, des Waldbodens, der Blumen. Er hört die Vögel zwitschern und die vielen Insekten herumschwirren. Er atmet das Leben ein und hat darin alles, wonach er sich sehnt. Er lebt in Beziehung zu den Bäumen, spricht mit ihnen, spürt ihre Ausstrahlung. Er fühlt sich als Teil der Schöpfung, geborgen, getragen, wertvoll, lebendig.

Geistliches Leben ist für Benedikt ein Leben der Achtsamkeit und eine Einübung in die Beziehungsfähigkeit, in die Beziehung zu sich selbst, zu Gott, zur Schöpfung und zum Menschen. Die Kunst des geistlichen Lebens besteht darin, den Weg der Achtsamkeit zu gehen, um ein Gespür zu entwickeln für Gott. Gott ist immer das „Tremendum et Fascinosum". Wer Gott erfährt, wird davon angezogen, aber er erschrickt auch. Meistens gehen wir an Gott achtlos vorüber. Die Achtsamkeit ist eine Einübung in die faszinierende aber zugleich auch erschreckende Wirklichkeit Gottes. Gott ist auch der, der einem in die Knochen fahren kann. Das hat Hiob erlebt, als Gott ihm die Größe der Schöpfung vor Augen führte. Da blieb ihm nichts anderes übrig, als in die Knie zu sinken und zu bekennen, daß er bisher Gott nur vom Hörensagen kenne, daß er ihn in der Schöpfung aber wirklich erlebt habe. „Vom Hörensagen nur hatte ich von dir vernommen; jetzt aber hat mein Auge dich geschaut. Darum widerrufe ich und atme auf, in Staub und Asche." (Hiob 42,5f)

In der Bibel ist die erste Reaktion des Menschen auf die Begegnung mit Gott immer das Erschrecken, das Niederfallen. Und Gott muß sich den Menschen immer wieder offenbaren mit einem: „Fürchte dich nicht. Hab keine Angst." Die gleiche Erfahrung haben die Jünger in der Begegnung mit Jesus gemacht. Wenn sie ihn erlebten als den Messias, als den, der Wunden heilt oder dem See und den Winden gebietet, dann fallen sie vor ihm nieder und bekommen Angst. Im NT ist es vor allem der Grieche Lukas, der immer wieder vom Erschrecken vor Gott spricht. Die Furcht Gottes ist die normale Reaktion des Menschen auf die Nähe Gottes. Furcht Gottes hat nichts mit Angst zu tun, sondern sie meint: bis in die Knochen von Gott berührt werden. So wird Zacharias von Furcht befallen, als er den Engel des Herrn erblickt. (Lk 1,12) Und alle erschrecken, als Zacharias wieder sprechen kann. (Lk 1,64) Die Hirten fürchten sich sehr, als ihnen die Engel die Botschaft von der Geburt des Messias verkünden. Ihre Furcht gibt ihrer Freude die Tiefe und Intensität. Petrus fällt vor Jesus nieder und fühlt sich als sündiger Mensch (Lk 5,8). Und nach der Heilung des Gelähmten geraten alle außer sich und sagen voller Furcht: „Heute haben wir etwas Unglaubliches gesehen." (Lk 5,26) Im Griechischen heißt es hier: ekstasis. Das bedeutet, aus sich herausgerissen werden, aus dem Schlaf der Alltäglichkeit gerissen werden und offen werden für das Geheimnis Gottes. Alle wurden von Furcht ergriffen, als Jesus den Jüngling von Nain auferweckte (Lk 7,16). Und als Jesus den Besessenen von Gerasa heilte, da packte alle große Furcht. (Lk 8,37) Gotteserfahrung - so weiß es der Grieche Lukas - hat mit Erschrecken zu tun und zugleich mit Faszination. Gott ist eine Macht, die den Menschen ergreift und packt. Das gilt auch für die Erfahrung Jesu Christi: immer wenn die Jünger ihn erleben, überkommt sie Furcht. Furcht ist die Voraussetzung, daß sie die Andersartigkeit Jesu, daß sie seine Göttlichkeit wahrnehmen, daß sie über sein Geheimnis staunen.

Benedikt versteht das Mönchsein als die Einübung in die Gotteserfahrung, Achtgeben auf Gottes Gegenwart. Benedikt spricht in der Regel immer wieder von der Gegenwart Gottes, in der wir leben sollen. Er versteht geistliches Leben als Achtgeben auf den gegenwärtigen Gott. Das wird vor allem im Prolog sichtbar: „Stehen wir also endlich einmal auf, da uns die Schrift mit den Worten weckt: Die Stunde ist gekommen, aufzustehen vom Schlaf. Öffnen wir unsere Augen dem göttlichen Licht, und hören wir mit aufgeschreckten Ohren, was uns die göttliche Stimme jeden Tag mahnend zuruft: Heute, wenn ihr seine Stimme hört, verhärtet eure Herzen nicht!" (RB Prol 8-10) Geistliches Leben heißt Aufwachen vom Schlaf. Der indische Jesuit de Mello meint, viele Menschen würden schlafen. Sie machen sich Illusionen über sich und ihr Leben und leben in diesem Schlaf ihrer Illusionen. Sie meinen, ihr Leben bestünde nur in Arbeit, in Beziehungen, in Erfolg und Mißerfolg, im Wohlbefinden, im gesicherten Dasein. Mönchsein ist keine Flucht vor der Wirklichkeit, sondern ein Aufwachen zur Wirklichkeit. Die eigentliche Wirklichkeit ist Gott. Mönchsein ist daher ein Aufwachen zu Gott hin, ein Ernstnehmen Seiner Wirklichkeit.

Die Achtsamkeit wird bei Benedikt immer wieder mit dem Wort custodire ausgedrückt. Custodire heißt: achtgeben, wachen, bewußt wahrnehmen. Im 4. Kapitel fordert Benedikt die Mönche auf, jederzeit das eigene Tun und Lassen zu überwachen. (RB 4,48) Sie sollen achtsam sein in ihrem Handeln und sich nicht einfach treiben lassen. Genauso achtsam soll der Mönch auch mit seiner Zunge umgehen: „Seine Zunge vor schlechten und unanständigen Reden hüten (custodire)." (RB 4,51) Das Schweigen ist eine Einübung in die Wachsamkeit. Daher beginnt Benedikt das Kapitel über das Schweigen: „Wir wollen tun, was der

Prophet sagt: Ich sagte: Ich will auf meine Wege achten (custodire), damit ich nicht sündige mit meiner Zunge. Ich stellte an meinen Mund eine Wache (custodiam)." (6,1) Das Bild des Wächters war im Mönchtum beliebt. Evagrius gebraucht das Bild des Türhüters, der jeden Gedanken untersucht, der in das Haus des Geistes eintreten möchte, und ihn befragt, ob er zum Hausherrn gehört oder ob er ein Eindringling ist, der sich unberechtigterweise einschleichen möchte. Der Türhüter weist alle unpassenden Gedanken ab, damit wir wirklich Herr in unserem Hause bleiben, damit wir es selbst bewohnen und damit Gott in unserem Hause wohnen mag. Custodire heißt nicht kontrollieren, sondern wach sein, achtsam und aufmerksam leben, um den gegenwärtigen Gott wissen, um das Geheimnis Gottes, das uns in allem entgegenleuchtet. Der Mönch soll seine Gedanken und Gefühle nicht mit Gewalt kontrollieren. Denn dann werden sie ihm totsicher außer Kontrolle geraten. Aber er soll vor dem Haus seines Herzens wachen und genau darauf achten, welche Gedanken in sein Haus eintreten wollen, ob sie ihm gut tun oder nicht. Und er soll darauf achten, auf welche Energie ihn seine Gedanken und Gefühle hinweisen wollen, was in ihm zum Leben kommen möchte.

Das Kapitel über die Demut spricht immer wieder von dieser Achtsamkeit. Man kann dieses längste und für die benediktinische Spiritualität wohl wichtigste Kapitel verschieden interpretieren. Eine mögliche Interpretation sieht es als einen Weg der Einübung in die Achtsamkeit und in die Beziehungsfähigkeit. Die erste Stufe der Demut besteht darin, daß man sich Gott stets mit Ehrfurcht vor Augen hält und sich davor hütet, ihn zu vergessen. (RB 7,10) Wenn die Augen des Herrn über Gute und Böse wachen, dann „müssen wir uns stets in acht nehmen, damit Gott uns nicht zu irgend einer Stunde - wie der Prophet im Psalm sagt -abtrünnig und verdorben sieht." (RB 7,29) Alles, was wir tun und denken, geschieht vor den Augen Gottes. Geistlich leben heißt, im Bewußtsein des gegenwärtigen Gottes leben, vor den Augen Gottes leben, der mich wohlwollend und liebend anschaut, der mich aber auch durchschaut, vor dem ich nichts verbergen kann. Der Mönch ist einer, der bewußt vor und mit Gott leben will, der die Wirklichkeit Gottes ernst nimmt. Es geht Benedikt nicht um irgendwelche asketischen Leistungen, sondern um das Ernstnehmen Gottes. Gott - so sagt uns die erste Stufe der Demut - ist immer da. In allem sind wir auf ihn bezogen. Gott ist in unserem Denken, in unserem Sehnen, in unseren Leidenschaften, in unserem Willen und in unserem Begehren. In allem sind wir vor Gott und auf Gott bezogen. Es geht darum nicht, daß wir uns in die Privatgemächer unserer Gedanken und Emotionen zurückziehen, in die wir niemanden eintreten lassen. Gott wohnt schon in allem Räumen unseres inneren Hauses, noch bevor wir unser Haus richtig bewohnen. Daher leben wir nur dann angemessen, wenn wir diesen Gott in uns nicht vergessen, sondern auf seine Gegenwart achten, in allem auf Gott bezogen sind.

In der zweiten Demutsstufe geht es darum, daß wir in unserem Willen nicht der Willkür folgen und nach Lust und Laune handeln, sondern uns von Gottes Willen leiten lassen. Gottes Willen wird uns nicht von außen übergestülpt, sondern er bringt uns in Berührung mit dem, was wir in der Tiefe des Herzens eigentlich wollen. Er bringt uns in Beziehung zu uns selbst und zu unserer inneren Wahrheit. Die dritte Stufe verweist uns auf das Horchen und Gehorchen. Im Horchen sind wir ganz und gar auf Gott bezogen, gerade auch in Situationen, die uns Gott zu verdunkeln scheinen, wie es uns die vierte Stufe in drastischen Bildern beschreibt. Gerade im Unrecht, im Unverstandensein sollen wir nicht davonlaufen, sondern dranbleiben, bei uns bleiben, in Beziehung bleiben zu unserem eigentlichen Kern. Dann so sagt Benedikt, werden wir salvus sein, ganz sein, heil sein. (RB 7,36) Nichts, weder Feuer noch Wasser, weder Unrecht noch irgendeine Bedrängnis kann uns aus der Beziehung zu Gott herausreißen. Nichts kann „uns scheiden von der Liebe Gottes, die in Christus Jesus ist, unserem Herrn" (Röm 8,39).

Die 5. Stufe besteht darin, daß ich alles, was in mir hochkommt, alle Gedanken und Gefühle, alle Leidenschaften und Bedürfnisse, dem geistlichen Vater sage. Ich laufe vor mir und meiner Wahrheit nicht davon. Indem ich offenbare, was in mir ist, bleibe ich in Beziehung zu mir selbst und komme mit meiner innersten Wirklichkeit auch in eine tiefe Beziehung zu einem andern Menschen. Die 6. Stufe zeigt, daß wir auch in der Leere und Banalität der alltäglichen Tretmühle in Beziehung bleiben können zu Gott und zu uns selbst. Mir hat in solchen Situationen, in denen alles leer und öde erscheint, in denen ich keine Energie in mir spüre, schon oft das Wort geholfen, das Benedikt mir vorschlägt: „Wie ein Lasttier bin ich vor dir geworden und bin doch immer bei dir." (RB 7,50) Auch solche Phasen der Lustlosigkeit können mich nicht aus der Beziehung zu Gott herausreißen. Die 7. Stufe führt mich in die Erfahrung ein, daß selbst mein Versagen mich nicht von Gott trennen kann. Viele laufen vor sich selbst davon, wenn etwas schief läuft. Benedikt ermuntert uns, auch dann, wenn wir auf die Nase gefallen sind, in Beziehung zu uns und zu Gott zu bleiben. Als

Hilfe für solches Bleiben bietet er den Psalmvers zur Meditation an: „Es ist gut für mich, daß du mich gebeugt hast, damit ich deine Gebote lerne." (RB 7,54) Dann werde ich auch in meinem Versagen Gott erfahren können.

Die 8. Stufe scheint auf den ersten Blick eine Reduzierung menschlicher Kreativität zu verlangen. Der Mönch soll nur tun, „wozu die gemeinsame Regel des Klosters und das Beispiel der Älteren mahnen". (RB 7,55) Aber es geht hier darum, sich nicht durch äußere Dinge interessant zu machen und durch die Sucht nach Neuigkeiten aus der Beziehung zur Wirklichkeit herauszufallen. Der Verzicht auf äußere Effekthascherei bringt uns vielmehr in Beziehung zur eigentlichen Wirklichkeit, zu dem, was uns im Tiefsten ausmacht, zur wahren Quelle des göttlichen Geistes, die in uns sprudelt. Die 9. und 10. Stufe verdeutlichen das durch den Verzicht auf viele Worte und auf lautes Lachen. In der Schweigsamkeit bleiben wir in Beziehung zum Geheimnis Gottes und seiner Schöpfung, während wir im Vielreden und im lauten Lachen oft genug vor uns selbst davonlaufen. Die 11. Stufe lädt uns ein, „humiliter cum gravitate" wenige Worte zu reden. Man könnte das so übersetzen: Der Mönch soll beim Sprechen in Beziehung bleiben zur Erde, zur Schöpfung und mit dem Schöpfer. Gravitas meint immer das Gespür für den gegenwärtigen Gott. Das macht ihn weise, sapiens, dann schmeckt er überall und in allem Gott. In der 12. Stufe soll der Mönch das Gespür für den gegenwärtigen Gott auch in seinem Leib ausdrücken. Heute wissen wir, daß wir an der Leibhaltung erkennen können, ob ein Mensch mit sich selbst und mit Gott und mit den Dingen in Beziehung ist, ob er in seiner Mitte ist oder aber herausgefallen in die Zerstreuung, in die Formlosigkeit. Diese Beziehung zu Gott soll der

Mönch in allem durchhalten: „beim Gottesdienst, im Oratorium, im Kloster, im Garten, unterwegs, auf dem Feld, wo immer er sitzt, geht oder steht" (RB 7,63).

Als Ziel des Demutsweges gibt Benedikt an, daß wir Gottes Weisung nicht mehr aus Furcht, sondern „ganz mühelos und natürlich und wie aus Gewohnheit... aus Liebe zu Christus" befolgen (custodire) (RB 7,68f), daß wir von innen heraus achtsam sind für Gottes Impulse, die er uns in den leisen Regungen unseres Herzens täglich gibt. Die 12 Stufen des spirituellen Übungsweges sollen uns zur vollkommenen Liebe zu Gott führen, zu einem Zusammenwachsen mit Gott (= consuetudo = zusammen wohnen). Wenn wir in der Liebe mit Christus in unserem Herzen zusammenwohnen, dann sind wir in Berührung mit uns selbst und dann haben wir Lust an der Tugend (dilectatione virtutum), dann sind wir voll Freude darüber, daß unser Leben „taugt" (=Tugend) und gelingt, dann wächst das richtige Verhalten aus uns selbst. Wir brauchen uns nicht dazu zu zwingen, das Gebot Christi zu erfüllen, sondern wir sind auf unserem Übungsweg mit ihm zusammen gewachsen. Wir sind neu geworden, vom Geist Christi erfüllt. Wir sind in Beziehung zu unserem Herzen gekommen und darin zu Gott, der in unserem Herzen wohnt. Und wir haben durch Gott eine neue Beziehung zum Menschen und zur Schöpfung gewonnen.

Wenn Benedikt Spiritualität vor allem als Achtsamkeit versteht, dann führt er uns zu einer Haltung der inneren Freiheit. In der Begleitung beobachte ich immer wieder Menschen, die geistliches Leben vor allem als Leistung mißverstehen. Sie meinen, sie müßten vor Gott etwas leisten, sie müßten so und soviele fromme Übungen machen, so und soviel beten und alle ihre Fehler mehr und mehr besiegen. Ein so verstandenes geistliches Leben ist sehr anstrengend. Und viele fühlen sich schnell überfordert. Spiritualität als Achtsamkeit will uns nicht überfordern, sie will uns vielmehr die Kunst lehren, intensiv zu leben, sie will uns zur „Lust am Leben" einladen. Wer ganz im Augenblick lebt, der kann ihn verkosten, genießen, für den wird die Erfahrung Gottes zugleich zur Erfahrung des vollen Lebens, des Lebens in Fülle. Wer dagegen sein geistliches Leben vor allem als Leistung versteht, die er vor Gott und vor sich und seinem schlechten Gewissen vollbringen muß, für den wird seine Frömmigkeit oft genug zur Verhinderung von Leben. Er lebt nicht wirklich, sondern er flüchtet sich in sein religiöses Tun wie in einen Lebensersatz. So bekommt er weder Geschmack an Gott, noch an sich und seinem Leben. Für Benedikt geht es darum, in der Schule des Herrn die Lust am Leben zu lernen. Christus selbst ruft uns zu: „Wer hat Lust am Leben?" Und Benedikt sagt von dieser uns zum Leben einladenden Stimme Christi: „Was könnte angenehmer klingen, liebe Brüder, als diese Stimme des Herrn, der uns einlädt? Seht, in seiner Güte zeigt uns der Herr den Weg zum Leben." (RB Prol 19f)

Achtsamkeit kann Benedikt auch beschreiben als Achtgeben auf sein Leben (custodire): So versteht er die Fastenzeit als Zeit, in der wir uns bewußt einüben in diese Achtsamkeit. So rät er uns, „daß alle miteinander, wenigstens in diesen Tagen der Fastenzeit ihr Leben in lauterer Reinheit bewahren (custodire)" (RB 49,2). Reinheit des Herzens, puritas cordis, ist das Ziel des spirituellen Weges nach Cassian, dem Schüler des großen Evagrius Ponticus, dem Benedikt in seiner spirituellen Lehre großenteils folgt. Reinheit des Herzens meint, daß der Mönch ganz und gar für Gott durchlässig ist, lauter, transparent, in allem auf Gott bezogen und von Gott durchdrungen. Die Fastenzeit ist eine Zeit, in der der Mönch bewußter und wacher leben, in der er sich in die innere Freiheit einüben soll. Achtsamkeit und Freiheit gehören zusammen. Wer achtsam lebt, wer wach ist, der ist auch frei, der läßt sich nicht von andern bestimmen, der ist im Sinne des hl. Paulus nicht mehr Sklave der Sünde oder des Gesetzes, nicht mehr abhängig von irgendwelchen inneren oder äußeren Erwartungen. Er ist vielmehr frei, eleutheros, d.h. er kann hingehen, wo er möchte. Und er wird die libertas erfahren, d.h. daß er über sich selbst verfügt, anstatt daß von andern über ihn verfügt wird.

Freiheit und Einheit, das sind die beiden wichtigsten Ziele eines achtsamen Lebens. Das sind auch die beiden tiefsten Sehnsüchte des Menschen, auf die Benedikt mit seiner Regel eine Antwort geben möchte. Der Mönch soll aufwachen aus dem Schlaf der Unfreiheit, um wach und achtsam zu leben. Und er soll heimkehren aus der Zerstreuung und Entfremdung zu Gott, bei dem er wahrhaft daheim sein kann, bei dem er erst ganz zu dem werden kann, der er von Gott her ist. Er soll eins werden mit sich selbst, mit seinem wahren Wesen, und zugleich auch eins werden mit Gott, mit den Menschen und mit der Schöpfung. Die Aufmerksamkeit und Achtsamkeit beschreiben die Kunst, im Augenblick zu sein, eins zu sein mit sich selbst, eins zu sein mit dem, was ich gerade tue, mit dem, was ich gerade berühre, womit ich umgehe. Diese Sehnsucht nach Einssein war gerade für die Griechen charakteristisch. Die Griechen erlebten die Not des Menschen in der Zerrissenheit, im Hin- und Hergezerrtwerden zwischen den verschiedenen Bedürfnissen und Emotionen. Der Mensch fühlt soviele Wünsche und

Gedanken in sich, die oft beziehungslos nebeneinander liegen. Er kann sie nicht zusammenbinden. So fühlt er sich zerrissen, zerteilt, gespalten. Der Weg aus der Zerrissenheit ist der Weg der Achtsamkeit. Er besteht darin, ganz im Augenblick zu sein, ganz in der Gebärde zu sein, ganz im Atem, ganz in den Sinnen. Wenn ich ganz in meinem Leib, in meinen Sinnen bin und so durch die Natur gehe, dann fühle ich mich mit allem eins, mit der Schöpfung und darin mit Gott und mit allen Menschen, die Teil dieser wunderbaren und geheimnisvollen Schöpfung sind.

Die Erfahrung des Einsseins ist auch die Verheißung, die Jesus den Jüngern in Joh 17 gibt. Da geht es nicht nur um das Einssein zwischen den Jüngern, sondern auch um die Kunst, überhaupt mit sich eins zu werden, so wie der Vater und der Sohn miteinander eins sind. Der Sohn, der vom Himmel herabgestiegen ist, um Fleisch anzunehmen, er ist eins mit dem Vater in der Höhe. Menschliche und göttliche Natur werden miteinander eins, Himmel und Erde, Irdisches und Göttliches. Die Einheit von Vater und Sohn stellt die Einheit aller denkbaren Gegensätze dar. Darum geht es auch in der Achtsamkeit, daß der Mensch in sich alles sich Widerstreitende miteinander verbindet. Für Nikolaus von Cues besteht gerade darin die Gotteserfahrung. Denn Gott ist die coincidentia oppositorum. Ohne Gott bekommen wir die Gegensätze nicht zusammen. aber in Gott fallen sie zusammen. Wenn wir in der Achtsamkeit die reine Präsenz, die Einheit von Vergangenheit, Gegenwart und Zukunft, die Einheit von Gott und Mensch, von Mensch und Schöpfung, erfahren, dann berühren wir Gott selbst.

8. Der Verwandlungsweg des Leidens

Benedikts Schöpfungsspiritualität geht nicht am Kreuz vorbei. Vielmehr sind in der Regel beide Wege miteinander eins, der Weg der Schöpfungsspiritualität und der Weg der Erlösungsspiritualität. Benedikt weiß darum, daß wir der Vergebung bedürfen, der Erlösung und Befreiung. Er beschreibt in seiner Regel keine heile Welt. Er rechnet mit den täglichen Konflikten und Reibereien innerhalb der Gemeinschaft. Davon zeugen die Strafkapitel, in denen er dem Abt einschärft, daß er gerade um die Brüder Sorge zu tragen habe, die gefehlt haben, die innerlich verletzt sind und daher auch die Ordnung ständig verletzen. Und davon zeugt auch die Anweisung, daß der Abt am Ende der Laudes und Vesper jeweils das Vaterunser laut vorbetet, „daß es alle hören können, wegen der Spannungen, die gelegentlich wie Dornen auftreten. Dadurch, daß sie im Gebet selber versprechen: Vergib uns, wie auch wir vergeben, sind sie gehalten, sich von solchen Fehlern zu reinigen." (RB 13,12f) Es braucht immer wieder die gegenseitige Vergebung, um in der Gemeinschaft menschlich miteinander leben zu können.

Benedikt weiß darum, daß der Verwandlungsweg des Mönches mühsam ist. Die Welt ist durch die Sünde geprägt. In der Sünde haben wir uns von Gott, vom Ursprung aller Schöpfung, entfernt. Der Verwandlungsweg ist daher ein Weg des Gehorsams. Und dieser Weg ist mühevoll. So schreibt Benedikt im Prolog: „So wirst du durch mühevollen Gehorsam (per oboedientiae laborem) zu dem heimkehren, von dem du dich in trägem Ungehorsam entfernt hast." (RB Prol 2) Damit ist ein wichtiges Thema benediktinischer Spiritualität angesprochen. Wir sind aus der Beziehung zu

Gott herausgefallen. Wir haben nicht auf Gott gehört und wir haben Gott nicht gehört, sondern waren Sklaven unserer Unachtsamkeit, unserer Leidenschaften, unserer Sünde. Der Gehorsam ist der Weg, wieder aus der Beziehung zu Gott heraus zu leben. Der Gehorsam ist der Weg der Heimkehr. Die Entfremdung hat uns herausfallen lassen aus der Beziehung zu Gott und damit auch aus der Beziehung zu uns selbst. Wir waren uns selbst entfremdet. Andere haben über uns bestimmt. Der Weg des Gehorsams will uns dazu führen, uns wieder von Gott bestimmen zu lassen. Dann erst sind wir wirklich frei. Dieser Weg aus der Unfreiheit in die Freiheit, aus dem Ungehorsam zum Gehorsam kostet Mühe und führt durch das Leid hindurch.

Benedikt beschreibt die Mühe des geistlichen Lebens als Kampf, als militia Christi, als Kriegsdienst dem wahren König gegenüber. Sechsmal spricht er in seiner Regel vom Kriegsdienst, den wir Christus, dem König, leisten sollen. Die Regel ist das Gesetz, nach dem wir kämpfen sollen. Die vorzüglichste Waffe bei diesem Kriegsdienst ist der Gehorsam. Die andere Waffe ist die Entschiedenheit, die Bereitschaft, gegen die bösen Gedanken zu kämpfen. Nur der wird im Hause Gottes leben können, der „den Bösen, den Teufel, der ihm etwas einflüstert, samt den Einflüsterungen aus dem Blickfeld seines Herzens vertreibt und zunichte macht; wer solche Teufelskinder von Gedanken packt und an Christus zerschmettert." (RB Prol 28) Benedikt will den Mönch in der Kunst des christlichen Kriegsdienstes unterweisen. Dabei will er nichts Hartes anordnen. „Wird aber aus einem angemessenen Grund zur Läuterung von Fehlern und zur Erhaltung der Liebe eine etwas strengere Forderung gestellt, sollst du nicht, von plötzlicher Angst verwirrt, vor dem

Weg des Heils zurückschrecken, der am Anfang nicht anders als eng sein kann." (RB Prol 47f) Dreimal spricht Benedikt vom engen Weg und verweist damit auf das Wort Jesu in der Bergpredigt (Vgl. Mt 7,13f). Der breite Weg ist der Weg, den die Masse geht, den man halt geht, weil ihn alle gehen. Der enge Weg ist der Weg des Gehorsams, auf dem ich auf Gottes Stimme horche, die in mir selbst erklingt. Der enge Weg meint, daß es nicht genügt, nur die Gebote zu erfüllen oder sich nur mit der Regel zufrieden zu geben. Vielmehr muß ich meinen ureigensten Weg gehen. Ich muß das einmalige Leben leben, so wie es Gott nur für mich zugedacht hat. Diesen einzigartigen Weg zu erhorchen, kostet Mühe. Und er verlangt eine klare Entscheidung, während wir den breiten Weg gehen, ohne uns je für irgendetwas entschieden zu haben.

Für Benedikt ist der enge Weg der Weg aus der inneren Unordnung in die Ordnung, aus dem Ungehorsam in den Gehorsam, aus der Fremde in die Heimat. Er führt über leidvolle Schmerzen. Daher lädt Benedikt den Mönch ein, am Leiden Christi teilzunehmen. Nur so wird er auch an seinem Reiche Anteil erhalten, nur so wird er die wahre Freiheit erreichen: „So wollen wir nie von seinen Unterweisungen lassen, sondern im Kloster bis zum Tod in seiner Lehre verharren und in Geduld am Leiden Christi teilnehmen, damit wir auch verdienen, an seinem Reiche teilzuhaben." (RB Prol 50) Benedikt greift hier das Bild des Mönches als Märtyrer auf. Nachdem das Christentum Staatsreligion geworden und als solche in seiner spirituellen Kraft geschwächt worden ist, verstanden sich die Mönche als die Nachfolger der Märtyrer. Sie sterben zwar nicht den gewaltsamen Tod für Christus, aber wie die Märtyrer sind sie der Welt gekreuzigt und wollen mit ihrer ganzen Existenz Zeugnis für Christus ablegen. Das Thema des Mönchs als Märtyrer kehrt in der Beschreibung der vierten Stufe der Demut wieder. Benedikt zitiert hier biblische Haltungen, wie sie dem Märtyrer zugeschrieben werden, wie „standhafte Geduld, Starkmut, Vertrauen, Ausdauer, Beharrlichkeit" (Holzherr 128). Bei keiner Demutsstufe bringt Benedikt soviele Bibelzitate wie hier. Benedikt rechnet damit, daß der Mönch im Kloster Unrecht erfährt, daß er nicht verstanden wird und daß man von ihm etwas erwartet, das ihn hart ankommt. Zum geistlichen Leben gehört es, daß man vor solchen Schwierigkeiten nicht davonläuft, sondern alles erträgt: „Er erträgt alles, ohne müde zu werden und davonzulaufen; die Schrift sagt ja: Wer bis zum Ende standhaft bleibt, der wird gerettet. Ebenso: Dein Herz sei stark, und ertrage den Herrn! Die Getreuen müssen für den Herrn alles aushalten, auch was ihnen zuwiderläuft. Das zeigt die Schrift; denn denen, die leiden, legt sie das Wort in den Mund: Um deinetwillen werden wir den ganzen Tag dem Tod ausgesetzt, behandelt wie Schafe, die man zum Schlachten bestimmt hat. Aber weil sie zuversichtlich auf Gottes Vergeltung hoffen, fahren sie mit Freuden fort und sagen: Doch all das überwinden wir durch den, der uns geliebt hat." (RB 7,38f) Zum geistlichen Leben gehört der Kampf und die Ausdauer, genauso wie die Erfahrung des Unrechts. Ob wir wollen oder nicht, wir werden in Situationen geraten, in denen wir uns nicht rechtfertigen und verteidigen können. Da können wir nur standhalten. Für Benedikt ist es nicht irgendein Unrecht, das wir dann tragen, sondern letztlich ertragen wir darin den Herrn selbst. Die Erfahrung von Unrecht, Ablehnung, Unverstandensein kann zugleich der Ort tiefer Gotteserfahrung werden.

Der Mönch sucht sich nicht das Leiden. Er ist nicht masochistisch. Aber er rechnet damit, daß Schwierigkeiten zum Leben dazugehören. Und dann weicht er nicht aus, sondern stellt sich ihnen. Denn er weiß, daß er die Probleme überwinden kann in der Kraft Jesu Christi und daß er darin in besonderer Weise Christus begegnen wird. Das Aushalten hat ein Ziel: die Verwandlung. So zitiert Benedikt Ps 66: „Du hast, o Gott, uns geprüft und uns im Feuer geläutert wie man Silber läutert im Feuer. Du brachtest uns in schwere Bedrängnis und legtest uns eine drückende Last auf die Schulter." (RB 7,40) Das Leiden läutert uns. Es ist ein Verwandlungsprozeß, in dem das Silber in uns in seinem wahren Glanz aufleuchten kann und gereinigt wird von allem, was seinen Glanz verdunkelt. Im Psalm 66 heißt es weiter: „Wir gingen durch Feuer und Wasser. Doch du hast uns in die Freiheit hinausgeführt." (Ps 66,12) Das Ziel des Aushaltens von Schmerzen ist die Freiheit, in die Gott uns hinausführt. Wer ständig vor jedem Schmerz davonläuft, der ist nicht frei. Er wird getrieben von der Angst vor dem Schmerz. Wer sich dagegen den Schmerzen stellt, die das Leben mit sich bringt, der erfährt eine tiefe innere Freiheit. Für Matthew Fox gehört das Zulassen des Schmerzes zur Schöpfungsspiritualität. Wenn wir den Schmerz nicht zulassen, wird er uns wie ein Alptraum verfolgen. Der Schmerz will uns entleeren, für Gott öffnen. Das kann er nur, wenn wir uns mit ihm aussöhnen, wenn wir in ihn eintreten und uns mit ihm anfreunden. Wenn wir vor ihm davonlaufen, werden wir andern und uns selbst Leid zufügen. Wenn wir die Verletzungen unserer Lebensgeschichte nicht anschauen und uns damit versöhnen, sind wir dazu verdammt, entweder andere oder uns selbst ständig zu verletzen. Die Annahme des Schmerzes hilft dagegen, den andern zu verstehen und unser Leid mit ihm zu teilen. Anstatt weiter zu verletzen, kann dann von uns eine heilende Wirkung ausgehen. (Vgl. Fox, Segen 162ff)

Benedikt rechnet mit dem Leiden, das durch die täglichen Konflikte einer Gemeinschaft entsteht. Er rechnet mit dem Leiden, das durch Obere geschehen kann, wenn sie nicht sensibel genug für ihre Mönche sind. Und er weiß, daß die eigene menschliche Struktur mit der je eigenen Lebensgeschichte, mit den Verletzungen, die jeder als Kind schon mitbekommen hat, Leiden mit sich bringt. Wer sich seinem Menschsein stellt und wer den Weg der Achtsamkeit und des Gehorsams gehen will, der begegnet seinen inneren Blockaden, seinen Verletzungen, seinen Ängsten, seinem Festhaltenwollen. So wird es ein schmerzlicher Weg sein, der ihn mehr und mehr von seinen Fesseln befreit und ihn durchlässig werden läßt für Gott.

Zu dem Leid, das notwendigerweise mit unserer menschlichen Existenz verbunden ist, gehören vor allem Kränkung und ungerechte Behandlung. Benedikt rät den Mönchen: „Auch erfüllen sie das Gebot des Herrn, selbst bei Kränkung und ungerechter Behandlung, kraft der Geduld, mit der sie auf die eine Backe geschlagen, auch die andere hinhalten, um ein Hemd bestohlen, auch den Mantel lassen, gezwungen, eine Meile mitzugehen, zwei Meilen gehen. Mit dem Apostel Paulus ertragen sie falsche Brüder, erdulden Verfolgung und segnen, die ihnen fluchen." (RB 7,42f) Hier kann nur die Gesinnung Jesu helfen, mit den Verletzungen fertig zu werden, die uns verletzte Brüder und Schwestern täglich zufügen. So zitiert Benedikt hier die Bergpredigt. In ihr zeigt uns Jesus einen Weg, den Riß, der durch die menschliche Gesellschaft geht, durch Liebe zu heilen.

Aber auf diesem Weg wird der Mensch wie Jesus dem Kreuz begegnen, dem Kreuz der Einsamkeit und Verlassenheit, dem Kreuz des Schmerzes und der Verspottung. Aber entscheidend ist das letzte Wort Benedikts. Wir sollen die segnen, die uns fluchen. Indem wir Gutes über sie sagen, sollen wir das Böse, das sie zum Fluch treibt, verwandeln. Darum geht es Benedikt in der vierten Stufe der Demut, daß wir das Unrecht in die göttliche Gerechtigkeit verwandeln, das Böse in das Gute, den Schmerz in die Liebe, den Fluch in den Segen, die Dunkelheit des menschlichen Herzens in das Licht göttlicher Herrlichkeit. Der Verwandlungsweg ist für uns schmerzlich, aber er führt auch zu einem neuen Miteinander in der menschlichen Gemeinschaft. Ja, er wird auch unsere Beziehung zur Schöpfung verwandeln. Er wird die göttliche Liebe in die dunklen Bereiche der Schöpfung eindringen lassen.

Die Verwandlung der dunklen Bereiche unserer Welt hat Benedikt auch im Blick, wenn er häufig vom geduldigen Ertragen spricht. Zu den Werkzeugen der geistlichen Kunst gehört es: „Kein Unrecht tun, aber erlittenes Unrecht mit Geduld ertragen (patienter sufferre)" (RB 4,30) Die Gemeinschaft soll gerade die schwierigen und unzufriedenen Kranken „mit Geduld ertragen" (RB 36,5). Dem Novizen soll der Eintritt ins klösterliche Leben nicht leicht gemacht werden. Er soll erst geprüft werden, ob er „die Schwierigkeiten des Eintritts mit Geduld erträgt (patienter portare)" (RB 58,3). Im Vermächtnis an seine Mönche, im 72. Kapitel, fordert Benedikt nochmals: „Ihre körperlichen oder charakterlichen Schwächen sollen sie gegenseitig mit großer Geduld ertragen (patientissime tolerent)." (RB 72,5) Die Schwächen der Brüder zu tragen, bedeutet, den andern trotz seiner Fehler und Schwächen gelten zu lassen, ihm den Raum zu gewähren, den er für sich selbst braucht. Benedikt bezieht sich hier auf Eph 4,2. Für Heinrich Schlier bedeutet diese Forderung „die Befreiung des menschlichen Verhältnisses von einem zerstörenden Moralismus" (Schlier 184). Anstatt einander zu richten, sollen sich die Brüder tragen, sich einander gelten lassen, einander akzeptieren. Es geht nicht um das resignierende Ertragen von etwas, das man halt nicht ändern kann, sondern das Tragen, das etwas Neues ermöglicht, das die Schwächen durch Geduld und Liebe verwandelt. Wenn wir einander ständig ändern wollen, kann sich nichts verwandeln. Denn wenn ich mich nur akzeptiert fühle, wenn ich anders werde, dann werde ich mich auf mich selbst zurückziehen. Wenn ich aber mit meinen Fehlern und Schwächen von der Gemeinschaft getragen werde, kann sich in mir etwas wandeln. Wenn die Schwächen sein dürfen, dann werde ich nicht mehr auf sie fixiert sein, dann können sich meine Wunden in Perlen und meine Schwächen in Stärken wandeln.

Benedikt fordert den gleichen behutsamen und achtsamen Umgang gegenüber der Schöpfung, die wir hegen und pflegen sollen, damit sie in ihrer Schönheit aufblühen kann, auch gegenüber den Brüdern, die wir tragen müssen, damit in ihnen das Gute wachsen kann. Benedikt geht es nicht um asketische Leistungen, sondern um das geduldige Ausharren bei sich selbst, das immer auch ein Ausleiden mit sich bringt, und um das geduldige Ertragen des Nächsten, das uns in die Gemeinschaft mit den Leiden Christi führen wird. Zur Schöpfungsspiritualität gehört auch, daß wir Ja sagen zu der Passion, die notwendigerweise mit unserer menschlichen Existenz verbunden ist. Denn wer zu sich selbst mit seinen Fehlern und Schwächen Ja sagt, der spürt sehr schnell, daß er

Ja sagt zum Kreuz, daß er Ja sagt zu den Gegensätzen, die er in sich vorfindet und denen er nicht ausweichen kann. Das geduldige Ausharren im Kloster mit seiner konkreten Lebensform wird die Zerrissenheit des Mönches mehr und mehr verwandeln und ihn zur Einheit mit sich selbst, mit Gott, mit den Menschen und mit der Schöpfung führen.

9. Der schöpferische Mensch

Die Schöpfungsspiritualität hat nicht den Asketen als Ziel menschlicher Selbstwerdung vor Augen, sondern den schöpferischen Menschen. Wenn Gott in erster Linie als Schöpfer gesehen wird, dann besteht auch die höchste Würde des Menschen darin, daß er schöpferisch tätig sein kann, daß er als Künstler, als Handwerker, als Dichter, als Musiker etwas von der Schönheit Gottes in dieser Welt sichtbar werden läßt. Die benediktinische Tradition hat viele Künstler hervorgebracht. Die frühen Klöster haben bei aller Armut und Askese immer Sinn für die Kunst gehabt. Sie haben die wunderbaren Buchmalereien hervorgebracht, sie haben prachtvolle Kirchen und Klöster gebaut. Und sie haben immer wieder Dichter in ihrer Mitte gehabt, etwa Rhabanus Maurus oder Notker Balbulus. Ja, die Klöster waren selbst Ausdruck des schöpferischen Geistes des hl. Benedikt. Sie haben den Kosmos abgebildet mit seinem ganzen Reichtum an Möglichkeiten. Das Kloster war ein Mikrokosmos, Abbild von Gottes Schöpfung.

Benedikt schreibt ein eigenes Kapitel „De artificibus monasterii", über die Künstler im Kloster. Normalerweise wird das übersetzt mit „Die Handwerker des Klosters". Doch artifex ist in erster Linie der Künstler, der Bildhauer, der Maler, „der, der auf künstliche Art etwas verfertigt". Ars ist im Lateinischen „jede erlernte Kenntnis, Kunst, Wissenschaft, Geschicklichkeit, Handwerk". Benedikt rechnet also damit, daß im Kloster Mönche sind, die ein besonderes Handwerk oder eine Kunst gelernt haben. Er läßt sie ihre Kunst und ihr Handwerk „in aller Demut ausüben" (RB 57,1). Humilitas meint hier, daß er seine Kunst in Beziehung zur Erde, zum Kosmos ausüben soll, daß er sich nicht erheben soll „pro scientia artis suae". Er soll nicht die Bodenhaftung verlieren und in bloßer Geschicklichkeit aufgehen und sich darauf etwas einbilden. Wenn er sich einbildet, er würde mit seiner Kunst dem Kloster etwas nützen und ihm wirtschaftlichen Vorteil verschaffen, dann verliert er die Bodenhaftung, dann steigt er aus dem schöpferischen Prozeß seines Tuns aus. Er sieht nur noch den finanziellen Nutzen, den ein Kunstwerk bringen kann. Das ist aber das Ende echter Kreativität. Da ist kein schöpferisches Prozeß mehr möglich. Denn dann würde der Künstler oder Handwerker nur noch nach dem Geschmack der Menschen schaffen, um möglichst viel zu verkaufen. Aber er würde seiner schöpferischen Energie nicht mehr trauen, die die Dinge dieser Welt so formt, wie es der eigenen Vision entspricht.

Oft hat man dieses Kapitel über die Künstler und Handwerker bei Benedikt rein asketisch ausgelegt. Es ginge nur darum, daß sich die Handwerker nichts auf ihren Beruf einbilden sollen und nur im Gehorsam gegenüber dem Abt ihren Beruf ausüben dürfen. Aber für mich geht es in erster Linie um die Frage, ob der Künstler seine Kunst ausübt, um kreativ zu sein oder um damit Geld zu verdienen. Nur wenn der Künstler im kreativen Prozeß bleibt, ist er demütig, ist er in Kontakt mit der Erde, mit dem Kosmos, den er selbst schöpferisch gestaltet. Und nur dann ist er gehorsam, hört er auf die innere Eingebung, die von Gott kommt, die ihn beim Schaffen selbst leitet. Wenn er jedoch heraustritt aus dem schöpferischen Tun und nur noch auf das Geld sieht, dann ist er nicht wirklich schöpferisch, dann ist es nur noch Geschicklichkeit, die er für sich selbst benutzt, aber nicht mehr zur Gestaltung des Kosmos einsetzt.

Wenn etwas von den Produkten der Künstler und Handwerker zu verkaufen ist, dann soll sich kein Betrug und keine Habsucht einschleichen. Vielmehr soll es etwas billiger verkauft werden, „damit in allem Gott verherrlicht werde" (RB 57,9). Benedikt rechnet damit, daß nicht die Handwerker selbst ihre Sachen verkaufen, sondern andere Mönche, die damit Geschäfte machen möchten. Der benediktinische Grundsatz, daß in allem Gott verherrlicht werde, bezieht sich dabei nicht bloß auf die Preisgestaltung und das wirtschaftliche Gebaren der Mönche, sondern auch auf das schöpferische Tun. Ziel jedes Handwerks und jeder Kunst ist die Verherrlichung Gottes. Im schöpferischen Tun soll die Schönheit Gottes, die gloria Dei, aufleuchten. Und wenn es um Gottes Herrlichkeit in jedem Kunstwerk geht, dann kann ich es nicht dazu benutzen, möglichst viel Geld damit zu verdienen. Das wäre eine Pervertierung der Kunst, das wäre eine reine Verzweckung, die den Tod des Schöpferischen bedeuten würde. Die Verherrlichung Gottes meint, daß das Kunstwerk nicht vermischt wird mit egoistischen Motiven, etwa mit der Gier nach Anerkennung und Ruhm, nicht mit billiger Effekthascherei, sondern daß sie durchsichtig bleibt für Gott und für Gottes Schönheit. Die Bauwerke der mittelalterlichen Klöster spiegeln die Herrlichkeit Gottes wider. Sie sind frei von allem Manieriertem. Sie sind klar. Sie verweisen auf Gott, den Schöpfer, dessen Herrlichkeit auch in unserer Schöpfung aufstrahlen möchte.

Der Satz „damit in allem Gott verherrlicht werde" ist zum benediktinischen Motto schlechthin geworden. Es ist als Motiv typisch für die Schöpfungsspiritualität. Benedikt bezieht sich hier auf 1 Petr 4,11: „Wer redet, der rede mit den Worten, die Gott ihm gibt; wer dient, der diene aus der Kraft, die Gott verleiht. So wird in allem Gott verherrlicht durch Jesus Christus. Sein ist die Herrlichkeit und die Macht in alle Ewigkeit. Amen." Mit Reden und Dienen sind die Dienste der christlichen Gemeinde angesprochen, der Verkündigungsdienst, der Dienst der Armen- und Krankensorge, der Vorsteherdienst. Wer so einen „Gemeindedienst tut, muß wissen, daß er nicht aus eigener Kraft, sondern aus der Kraft, mit der Gott in der Kirche wirkt, seinen Dienst tut." (Schelkle 120) Das Ziel jeden Dienstes ist die Verherrlichung Gottes. Das ist die höchste Würde unseres menschlichen Dienens, daß die Herrlichkeit Gottes in seiner Schöpfung aufleuchtet. Das wird immer dann geschehen, wenn wir in unserem Dienst durchlässig sind für Gott, wenn wir in der Kraft Gottes arbeiten und nicht unsere eigene Bestätigung und Anerkennung suchen. Es geht Benedikt darum, daß wir in allem Tun transparent werden für Jesus Christus, der in uns und durch uns den Vater in dieser Welt verherrlicht. So wird alles weltliche Tun zugleich priesterliches Tun. Sowohl der Künstler und Handwerker, als auch der Kaufmann und der Vorsteher sind Priester, „um durch Jesus Christus geistige Opfer darzubringen, die Gott gefallen" (1 Petr 2,5).

Die Frage nach dem Schöpferischen ist gerade für den ehelosen Mönch so wichtig, der versuchen muß, seine Sexualität in sein Leben zu integrieren. Sexualität ist ja die schöpferische Kraft schlechthin. Da geht es um Zeugung, um Neuschöpfung. Schon Sigmund Freud meinte, daß die Sexualität der kulturstiftende Faktor par excellence ist. In der Kirche wird heute sehr viel über den Zölibat diskutiert. Dabei bleiben die Diskussionen oft dabei stehen, ob der Zölibatäre eine Freundschaft zu einer Frau leben und wie weit er dabei gehen dürfe. Das ist eine Engführung der Diskussion.

Ob ich die Ehelosigkeit auf Dauer sinnvoll leben kann, hängt von der Frage ab, ob ich die schöpferische Energie der Sexualität in mein Leben integriere. Die Lebendigkeit eines Menschen hängt nicht davon ab, ob er die genitale Sexualität auslebt. Sexualität ist wesentlich Energie, schöpferische Energie, die Lust am Leben, die Lust am Gestalten und Formen. Ehelosigkeit ist nicht in erster Linie durch den Verzicht bestimmt, sondern dadurch, daß der Ehelose einen neuen Weg findet, seine sexuelle Energie in schöpferische Kraft umzuwandeln.

Ein therapeutischer Berater, der selbst verheiratet ist, erzählte mir, daß seine Sexualität auch in der Ehe erst dann eine neue Qualität bekam, als er zu malen begann. Es geht nicht darum, wie ich die Sexualität beherrschen kann, sondern wohin sie fließt, wohinein sie strömen kann. Und es ist die Erfahrung vieler Eheloser, daß sie Lust an ihrem ehelosen Leben haben, wenn sie schöpferisch sind, wenn die sexuelle Energie in schöpferische Energie verwandelt wird. Deshalb ist es so wichtig, daß ein Kloster darauf achtet, daß jeder in seiner Arbeit kreativ sein kann, daß jeder die Energie, die in ihm steckt, auch schöpferisch einsetzen kann. Für den einen besteht die Kreativität darin, daß er in seinem Handwerk etwas schafft, daß er neue Techniken entwickelt oder etwas Schönes gestaltet, über das er sich freuen kann. Ich habe als Cellerar erlebt, wie stolz unser alter Schreiner auf den runden Tisch war, den er für mein Büro geschaffen hat. Er konnte sich selbst nicht satt sehen am Formenreichtum des Holzes, das er kunstvoll immer wieder aufgeschnitten und so furniert hatte, daß überall Gesichter und Blumen hervorleuchteten. Da ging es nicht um Geld, nicht um Überheblichkeit, sondern um das Aufgehen in einem schöpferischen Prozeß. Andere sind kreativ in ihrem Unterrichten in der Schule, andere fühlen sich am lebendigsten, wenn sie malen, wieder andere, wenn sie schreiben oder wenn sie am Computer neue Programme entwerfen, wieder andere, wenn sie ihre Werkstatt gut organisieren und ihnen die Arbeit darin Spaß macht. Die Kreativität tut dem einzelnen gut. Er fühlt sich lebendig und kann sich so auf neue Weise in die Gemeinschaft einbringen. Und sie tut auf Dauer auch dem Kloster gut, weil sie wirtschaftlichen Nutzen bringt, ohne daß das Geld dabei im Mittelpunkt stehen würde.

Matthew Fox meint, die westliche Theologie habe mit der Vernachlässigung der Kreativität „auch die Freude und Begeisterung beim Gebären verloren" (Fox, Segen 213). Die Gesellschaft leidet darunter, wenn die Kunst fehlt. Sie wird gewalttätig und langweilig. „Wo die Kunst ein wesentliches Element menschlichen Tuns ist, kehren Begeisterung und Ekstase, Staunen und Überraschung zurück." (Ebd 213) Und er zitiert Dorothy Day. „Gott ist unser Schöpfer. Gott schuf uns nach seinem Bild und Gleichnis. Also sind auch wir Schöpfer. Er gab uns einen Garten, um ihn urbar und fruchtbar zu machen. Durch unsere verantwortlichen Handlungen werden wir seine Mitschöpfer, ob wir nun Kinder oder Nahrungsmittel, Hausgerät oder Kleidung erzeugen. Immer sollten wir Schöpferfreude fühlen." (Ebd 213) Wenn wir schöpferisch sind, so wirkt sich das auf unser ganzes Leben aus, auf unsere Beziehungen zu den Mitmenschen, auf unsere Beziehung zu Gott und auf unsere Stimmungslage. Eine Studentin erzählt ihre Erfahrung mit der Kreativität: „Solange ich meine schöpferischen Gaben beachtet habe, konnte ich frei beten und als Mensch wachsen. Habe ich mich jedoch an der Leugnung dieser Gaben beteiligt oder sie unterdrückt, so ging es mir schlecht. Meine Liebe zum Leben schwand. Ich betete nicht mehr. Ich wurde kleinmütig und zynisch oder trieb mich bis an den Punkt, wo ich erschöpft und ausgebrannt war. Ich litt dann an Arbeitszwang, um so auszugleichen, was ich meinem schöpferischen Selbst verweigerte." (Ebd 213f) Wenn wir nicht schöpferisch sind in unserer Arbeit, sind wir schnell erschöpft. Dann fließt in uns die unversiegbare Quelle des Hl. Geistes nicht mehr. Und das bißchen Wasser, das in uns noch vorhanden ist, ist bald ausgeschöpft. Dann fühlen wir uns erschöpft und ausgepumpt.

Die Psychologie hat sich in letzter Zeit viel mit der schöpferischen Energie im Menschen beschäftigt. Peter Schellenbaum spricht von der erotischen Spur und meint damit die Fähigkeit, ganz im Augenblick zu sein, sich ganz an ein Werk, in eine Beziehung hineinzugeben, sich hinzugeben. Er unterscheidet die erotische und schöpferische Spur von der traumatischen Spur, die immer in den Wunden der Vergangenheit wühlt, auf der man immer anderswo ist und nie im Augenblick. Die Daseinsanalyse sieht den Menschen wesentlich als den schöpferischen. „Er ist es, der alles, was ist, ins Sein ruft... Schöpferisch sein heißt erschaffen, in die Sicht zu bringen, was bisher verborgen geblieben ist." (Hicklin 1065) Das Ziel jeder Therapie ist, den Menschen zu seinem eigenen Menschsein zu führen, „dessen Wesen im ,creare', im Erschaffen besteht, und ihm den Weg zu öffnen aus der Erstarrung - und das ist immer Leblosigkeit und Leere - einer Welt, in der es nichts Neues gibt und in der nichts Neues geschieht. Eine solche Welt trägt immer die Grundstimmung der Langeweile." (Ebd 1068) Für die Gestalttherapie ist der schöpferische Mensch zugleich gesund und lebendig. Damit ein

Mensch schöpferisch ist, braucht er Leidenschaft, die leidenschaftliche Hingabe an seine Aufgabe. „Beim schöpferischen Denken bedeutet dies das unbezähmbare Verlangen, herauszufinden, ‚wie es wirklich ist‘, ‚wie alles wirklich zusammenhängt‘. (Metzger 808) Neben der Freiheit und Unabhängigkeit gehören die Hingabe und die Versenkung, die Feinfühligkeit, die geistige Beweglichkeit, der Sinn für das Passende und Wesentliche zu Merkmalen des schöpferischen Menschen. Entscheidend ist aber die Bereitschaft, sich hinzugeben. Und das ist letztlich eine spirituelle Haltung: „Dieses Ergriffen- und Erfülltsein von der Aufgabe ist offenbar die Grundvoraussetzung schöpferischen Verhaltens, die durch die Freiheit von allen denkbaren Nebeneinflüssen gewährleistet wird." (Ebd 808) Metzger spricht von der Liebe zur Sache und von der Selbstvergessenheit als typische Haltungen des kreativen Menschen (Ebd 811). Diese Haltung hat offensichtlich auch Benedikt im Blick, wenn er die Demut, die humilitas, für den Künstler und Handwerker einfordert. Es geht darum, sich im schöpferischen Prozeß selbst zu vergessen und ganz an das hinzugeben, was man gerade tut. Diese Hingabe an das Werk ist kein Gegensatz zur Hingabe an Gott, sondern darin konkretisiert sich die sich hingebende und sich selbst vergessende Liebe zu Gott.

Leider haben viele Benediktinerklöster nicht verstanden, was Benedikt mit seiner Schöpfungsspiritualität gemeint hat. Sie haben daraus eine asketische Spiritualität gemacht, gerade im Blick auf die Arbeit. Da gibt es die Ideologie, daß nicht die Begabung des einzelnen wichtig ist, sondern allein der Arbeitsanfall in einem Kloster. Und alle anfallenden Arbeiten müssen eben von den Brüdern oder Schwestern geleistet werden, ganz gleich

welche Begabungen sich unter ihnen finden. Damit wird aber die Lebendigkeit einer Gemeinschaft wesentlich beeinträchtigt. Wenn die Brüder und Schwestern keine Lust an ihrer Arbeit empfinden, wenn sie darin nicht schöpferisch sein können, wenn ihre ganze Lebensenergie nicht in die Arbeit hineinfließen kann, dann fühlen sie sich gebremst, dann stirbt etwas in ihnen ab. Die Unzufriedenheit wächst und es entsteht ein Klima von Aggressivität, weil die Aggression nicht kreativ gelebt werden kann. Oft drückt sich das dann in einem hohen Krankenstand aus. Weil man die Energie nicht mehr nach außen fließen läßt, schlägt sie auf einen selbst zurück und macht einen krank. Dann wird auch das Argument der Armut, das man für diese Ideologie oft anführt, hinfällig. Denn dann wird das Leben teurer, als wenn jeder seine Begabung einbringen könnte. Natürlich geht es nicht darum, daß jeder nur sein Hobby pflegt. Die Arbeit des einzelnen muß in den Rahmen der Gemeinschaft passen. Aber weil dieser Rahmen oft zu eng gezogen wird, wird viel Lebendigkeit abgeschnitten. Wenn die schöpferische Energie nicht mehr fließen kann, dann stauen sich die zwischenmenschlichen Probleme an. Das Klima in einer Gemeinschaft wird kühl. Die schöpferische Energie kann sich nur noch in zynischen Bemerkungen ausdrücken oder in der Phantasie, wie man am besten aus dem engen Rahmen aussteigen kann. Dann wird auch die Sexualität zum Problem. Denn sie findet keinen Weg, in die Kreativität und Fruchtbarkeit hinein zu fließen. Sie staut sich auf. Man fixiert sich auf sie oder verdrängt sie. Das Leben erstarrt.
Wie wir heute als Mönche und Nonnen unsere Ehelosigkeit sinnvoll und gesund leben können, hängt davon ab, wie wir mit unserer schöpferischen Energie umgehen. Benedikt hat uns in sei-

ner Regel dazu einen guten Weg gewiesen. Aber wir haben noch lange nicht durch unser Leben eingeholt, was der Mönchsvater mit seiner Schöpfungsspiritualität gemeint hat. Daher tun wir uns heute in der Kirche so schwer, offen und ehrlich über unsern Umgang mit der Sexualität zu reden. Wir empfinden sie meistens nicht als die schöpferische Energie, die uns antreibt, kreativ zu arbeiten, neue Ideen zu entwickeln, neue Kommunikationsformen auszuprobieren und die Liturgie lebendig zu feiern, sondern wir verstehen sie als etwas Gefährliches, das man vor allem bändigen und in Griff bekommen muß. Aber in einer Gemeinschaft, in der man die Sexualität tabuisiert und unterdrückt, stirbt auch die Lebendigkeit. Umgekehrt wird in einer Gemeinschaft, die dem einzelnen Raum läßt, in seiner Arbeit schöpferisch zu sein, die Sexualität nicht mehr das Hauptthema sein. Vielmehr wird dort das Leben fließen. Und wo Leben fließt, wo überall Früchte der Phantasie und Kreativität aufblühen, da ist die Sexualität integriert, da leben die Mönche und Nonnen gerne ihre Ehelosigkeit. Da spüren sie, daß ihre Ehelosigkeit gerade zu einer Quelle von Lebendigkeit und schöpferischem Elan werden kann.

Schluß

In der Schöpfungsspiritualität, wie sie uns in der Regel Benedikts begegnet, geht es vor allem darum, der Spur des Lebens zu folgen. Zu Gott werden mich weder die Spur der Angst noch die Spur der Leistung führen, sondern nur die Spur der je größeren Lebendigkeit, die erotische Spur, die schöpferische Spur. Die vier Mitbrüder, die die Gäste im Recollectiohaus geistlich begleiten, haben übereinstimmend als Ziel ihrer geistlichen Begleitung diese Suche nach der Spur des Lebens in jedem einzelnen genannt. Es geht nicht darum, dem einzelnen ein spirituelles Konzept überzustülpen, ihn zu ermuntern, wieder regelmäßig sein Brevier zu beten oder täglich zu meditieren. Das wäre zu vordergründig und könnte leicht zu einem spirituellen Leistungsdenken führen. In erster Linie geht es darum, daß der einzelne bei sich entdeckt, wo er lebendig wird, wo er sich intensiv spürt, wo es in ihm weit wird, wo etwas in ihm aufblüht, wo sich eine schöpferische Energie regt. Wenn er dieser Spur folgt, dann macht er sich auf den Weg zu Gott. Denn Gott ist Leben in Fülle. Und nur wo wir in der geistlichen Begleitung dem Leben dienen, geben wir Gott die Chance, sich in den einzelnen zu inkarnieren, in ihm Fleisch anzunehmen.

Wenn einer der Spur des Lebens folgt, dann kann es durchaus richtig sein, daß er diese Spur auch schützt, indem er z.B. täglich meditiert, indem er sich in eine gute Ordnung hinein begibt, indem er heilende Rituale für sich entdeckt und sie in Treue und zugleich in Freiheit übt. Aber dann geht es eben nicht um Leistung, nicht um das fromme Tun, sondern immer um das Leben, dem alle religiösen Formen zum Sprung verhelfen wollen. Die Spur des Lebens ist zugleich der Weg, auf dem ich mein ureigenstes Wesen entdecke, das einmalige Bild, das Gott sich von mir gemacht hat. Dort, wo in mir etwas lebendig wird, dort komme ich in Berührung mit meinem wahren Selbst, dort werde ich ganz ich selbst, dort erst kann ich das Geschöpf werden, das Gott einzigartig geschaffen hat. Aber dort, wo ich ganz ich selbst bin, erfahre ich mich nicht isoliert von den andern Menschen, sondern als Teil der ganzen Schöpfung. Dort komme ich auch in eine tiefe innere Beziehung zu den Menschen, ja zu allen Geschöpfen. Ich erfahre Gott nicht weltlos, sondern gerade in der Beziehung zur Welt, in der Beziehung zu den Bäumen und Steinen, zu den Bergen und Seen, zu den Blumen und Tieren. Das ist keine Naturschwärmerei, sondern Ausdruck einer tiefen spirituellen Erfahrung, daß Gottes Geist die ganze Schöpfung durchdringt und so auch durch jedes Geschöpf dieser Erde zu uns spricht. Wenn ich morgens nach unserem Frühchor meditierend durch unsere Bachallee gehe und dabei wahrnehme, was ist, dann fühle ich mich eins mit der Schöpfung, dann spüre ich das frische Leben, das überall aufblüht, auch in mir, dann erlebe ich Gott in der Weite des Atems und im Leuchten des Morgenrots.

Die Schöpfungsspiritualität, in die uns Benedikt einführen will, will uns nicht nur in Beziehung zur Schöpfung bringen, sondern auch in die Verantwortung für unsere Welt. Sie drückt sich aus im richtigen Umgang mit den Menschen, in der guten Führung einer Gemeinschaft, im behutsamen Hegen und Pflegen der Natur, in der Verantwortung für die nachfolgenden Generationen und im gesellschaftlichen und politischen Engagement. Es ist eine optimistische Spiritualität, die aber am Kreuz nicht vorbeigeht, sondern darum weiß, daß unser Weg zu Gott durch viele Bedrängnisse hindurch führt (Vgl. Apg 14,22) und „daß die gesamte Schöpfung bis zum heutigen Tag seufzt und in Geburtswehen liegt" (Röm 8,22). Aber grundlegend für die Schöpfungsspiritualität ist auch die Einsicht des hl. Paulus, „daß die Leiden der gegenwärtigen Zeit nichts bedeuten im Vergleich zu der Herrlichkeit, die an uns offenbar werden soll. Denn die ganze Schöpfung wartet sehnsüchtig auf das Offenbarwerden der Söhne Gottes.... Auch die Schöpfung soll von der Sklaverei und Verlorenheit befreit werden zur Freiheit und Herrlichkeit der Kinder Gottes." (Röm 8,18f.21)

LITERATUR

Hildegard von Bingen, Geheimnis der Liebe, übers. v. Heinrich Schipperges, Olten 1957.

Klaus Demmer, Maß, in LexSpir 842-844.

Matthew Fox, Der Große Segen. Umarmt von der Schöpfung, München 1991.

Matthew Fox, Schöpfungsspiritualität, Stuttgart 1993.

Gregor der Große, Der Hl. Benedikt. Buch II der Dialoge, St. Ottilien 1995.

Romano Guardini, Tugenden. Meditationen über Gestalten sittlichen Lebens, Würzburg 1963.

Alois Hicklin, Das Schöpferische als Zentralproblem der Psychotherapie, in Psych. des 20. Jhds. XV, Zürich 1979, 1063-1068.

Gottfried Holtz, Die Pastoralbriefe, Berlin 1986.

Georg Holzherr, Die Benediktsregel. Eine Anleitung zu christlichem Leben, Einsiedeln 1985. (Nach dieser Aussage wird die Regel zitiert)

Ämiliana Löhr, Abend und Morgen ein Tag, Regensburg 1955.

Bernhard Maurer, Ehrfurcht, in Evangelisches Kirchenlexikon, Göttingen 1986.

Wolfgang Metzger, Gestalttheoretische Ansätze zur Frage der Kreativität, in: Psych. des 20. Jhds XV, Zürich 1979, 805-812.

Gerhard von Rad, Theologie des Alten Testaments, Bd I, München 1966.

Karl Hermann Schelkle, Die Petrusbriefe, Freiburg 1961.

Heinrich Schlier, Der Brief an die Epheser, Düsseldorf 1957.

Gerhard Vescovi, Lebensrhythmus - Gebetsrhythmus. Die Zeitstruktur des Menschen zwischen Heil und Unheil, unveröff. Manuskript o.J.

Claus Westermann, Das Loben Gottes in den Psalmen, Göttingen 1968.

MÜNSTERSCHWARZACHER KLEINSCHRIFTEN

Schriften zum geistlichen Leben

ISSN 0171-6360